本书系湖南省教育科学"十四五"规划2021年度省级重点资助课题
"幼儿园运动环境质量评价研究"（课题批准号：XJK21AJC011）成果

主题背景下的幼儿园体育活动

ZHUTI BEIJING XIA DE
YOU'ERYUAN TIYU HUODONG

刘 娟 等 / 著

主要编写者：刘 娟　龙晓玲　刘 璐
朱小龙　秦 枫　杨楚融
曹 琳　米冬梅　刘 倩
谢泽涵　彭 兰

北京师范大学出版集团
BEIJING NORMAL UNIVERSITY PUBLISHING GROUP
北京师范大学出版社

图书在版编目（CIP）数据

主题背景下的幼儿园体育活动／刘娟等著 .—北京：北京师范大学出版社，2023.9（2024.6 重印）

ISBN 978-7-303-27829-9

Ⅰ．①主…　Ⅱ．①刘…　Ⅲ．①体育课－教学研究－学前教育　Ⅳ．① G613.7

中国版本图书馆 CIP 数据核字（2022）第 037116 号

图书意见反馈　gaozhifk@bnupg.com　010-58805079
营销中心电话　010-58802755　58800035
编辑部电话　010-58808898

出版发行：北京师范大学出版社 www.bnupg.com
　　　　　北京市西城区新街口外大街 12-3 号
　　　　　邮政编码：100088

印　　刷：鸿博睿特（天津）印刷科技有限公司
经　　销：全国新华书店
开　　本：787 mm×1092 mm　1/16
印　　张：14
字　　数：250 千字
版　　次：2023 年 9 月第 1 版
印　　次：2024 年 6 月第 2 次印刷
定　　价：68.00 元

策划编辑：苏丽娅　罗佩珍　　　责任编辑：马力敏　李灵燕
美术编辑：焦　丽　　　　　　　装帧设计：焦　丽
责任校对：康　悦　　　　　　　责任印制：陈　涛　赵　龙

　　以体育人，以体育中国人，以体育现代中国人。陈鹤琴先生提出，强国必先强种，强种必先强身，要强身先要注意幼儿。幼儿的健康问题一直受到国家的重视，"立德树人""体教融合"作为教育宏观战略被反复强调。为全面贯彻党和国家的教育方针，湖南省人民政府直属机关第三幼儿院（以下简称"省三幼"）一直致力于幼儿园体育教育方面的研究。持续的研究和探索，使"省三幼"人收获了累累硕果，也逐渐形成了园所的教育理念："身的锻炼，心的养育"。

　　"省三幼"人依托湖南省贯彻《3—6 岁儿童学习与发展指南》实验（湖南省幼儿园学习活动支持体系建设研究）中"幼儿健康领域"部分的研究，通过省"十四五"规划重点资助课题"幼儿园运动环境质量评价研究"的探索获得了系列成果。本书一共分为七章。第一章为幼儿园体育活动，从幼儿园体育活动的含义、理论基础、价值、组织原则与组织形式这几个方面为全书奠定了理论基础。第二章为幼儿园体育活动的环境创设，为幼儿园体育活动空间环境的创设、幼儿园体育活动器械的开发与利用提供了全面参考。第三章为集体体育教学活动案例及分析，精选了小、中、大班三个年龄阶段的活动案例，每个活动从设计思路、活动目标、活动重难点、活动准备、活动过程、家园共育、活动评析等方面为幼儿园集体体育教学活动提供了借鉴，在活动过程中解读了"为什么"要设计此环节，为教师知其所以然提供了思路。第四章为幼儿园民间体育游戏活动案例及分析，精选了经典的民间体育游戏，从对幼儿的观察分析中形成了序列玩法和创新玩法，为教师持续开展同一游戏类型提供了指导。第五章为幼儿园运动区域活动案例及分析，从室内运动区域活动到户外运动区域活动，从班级运动区域活动到混龄运动区域活动，都提供了设计案例及游戏片段的观察分析。第六章为多种形式的体育活动，有立足端午节、国庆节、元旦等节庆式体育晨会活动，还有体育擂台赛及全园运动会的活动案例，为教师全面开展多形式的体育活动提供了一个模板。第七章为幼儿园运动区域教研案例及分析，通过展现教研的过程，让教师知道追求体育教育的品质应立足教研，以保证质量。

为帮助读者对幼儿园体育活动的开展有较全面的了解，编者力图使本书呈现以下特点。

一、立足两链协同，构思全面

本书围绕两链协同思路展开。"一链"以体育活动的设计和分析为主线，每个活动从"为什么—怎么做—做得怎样"的逻辑，向读者一步步呈现设计思路、活动设计、活动评析，似剥洋葱般逐层推进，特别是每个活动中既有片段分析，又有活动评析，让读者知道做什么，为何做，做得怎样。"二链"以幼儿园体育活动开展的全面性为基础，既有体育环境创设，又有各种类型的开展形式，如集体教学活动、民间传统游戏、支持幼儿自由自主的运动区域活动、节庆活动和运动会，还有教研案例的提供。这种两链协同的构思，既从方法上为设计和评析体育活动提供了指引，又在操作层面提供了指导。

二、立足研究思路，展现智慧

在方案编排上，本书以不同类型的活动予以呈现，每个活动还在观察的基础上做了分析，提供了教师的思考过程。让读者在参与活动设计的同时，还能了解原创者每个环节的设计思路，做到知其所以然。游戏案例呈现了片段观察与分析，让读者了解在此活动中幼儿可能发生的行为，案例中教师的支持策略为读者提供了借鉴的方法。特别是教研案例的呈现，让读者知晓体育环境如何创设、材料如何提供、材料如何支持动作发展等，这些教研案例为读者开展教研提供了范式，为提高体育活动质量提供了方法。

三、立足实践基础，直观呈现

本书呈现了多个不同类型的活动方案，并提供了相关案例的视频，读者可通过扫描二维码观看。书中一篇篇精彩纷呈的教案，一个个生动有趣的活动，一个个基于观察的分析案例，均源于教师日常体育教育的感悟与积累，由活动案例组成的"资源包"给教师提供了鲜活的素材，为教师开展体育活动提供了有效的指导。

本书是我园教师智慧的结晶，参与本书编写的是刘娟、龙晓玲、刘璐、秦枫、朱小龙、杨楚融、米冬梅、谢泽涵、曹琳、刘倩、彭兰，全书由刘娟主审和定稿。本书还得到了湖南师范大学杨莉君教授、曹中平教授，长沙师范学院张晓辉教授的有力指导，在此表示衷心的感谢！本书在编写的过程中，由于编者水平和能力有限，在内容和文字上难免有纰漏，敬请广大读者多多指正！

"宝剑锋从磨砺出，梅花香自苦寒来。"我们力求构筑多元化、多层次的体育活动，顺应幼儿爱玩的天性，使幼儿在玩中锻炼身体，在玩中增长智慧，在玩中养成品性，在玩中提升能力，促进幼儿身心和谐，健康全面的发展。

刘　娟

2022 年 12 月 9 日

目 录
CONTENTS

146

第六章
幼儿园其他类型体育
活动案例及分析

202

第七章
幼儿园运动区域教研
案例及分析

第一章
幼儿园体育活动

　　人生百年，立于幼学。《幼儿园教育指导纲要（试行）》中要求"幼儿园必须把保护幼儿的生命和促进幼儿的健康放在工作的首位"。教育部于 2012 年 10 月颁布了《3—6 岁儿童学习与发展指南》（以下简称《指南》），并要求全国各地认真贯彻落实《指南》的精神。湖南省贯彻《指南》实验领导小组由此研制了"湖南省幼儿园学习活动支持体系"。其成果《体验与探究》精选了 30 个主题，搭建了一个涵盖幼儿园三年的幼儿学习活动主题网络，主题活动涵盖了若干体育活动。为了提高幼儿园体育活动的质量，满足不同年龄段幼儿的成长与需求，我园依托本园的课题研究，对幼儿园体育活动环境、活动材料、活动的各个类型进行了研究，研究的成果为各园开展体育活动提供了一个很好的范式。

　　《指南》明确提出，健康是指人在身体、心理和社会适应方面的良好状态。在幼儿阶段，发育良好的身体、愉快的情绪、强健的体质、协调的动作、良好的生活习惯以及基本生活能力是判定幼儿身心健康发展的重要标志，也是确保幼儿在其他领域学习与发展的基础。3~6 岁是人生的起步阶段，是身体动作发展、健康习惯养成和健康人格培育的关键期。受应试教育和功利主义教育观念的影响，有些家庭和幼儿园对体育价值认识单一，认为体育只能强身，对心智发展无益，因此从幼儿阶段起体育活动常被忽视并被"压缩"，这种观点将体育活动"育身"和"育心"的价值割裂。而身心一体的体育哲学观让我们认识到，基于身体的锻炼，达成身心和谐发展，这也是以体育人的出发点和归宿。所以，"身的锻炼，心的养育"成了我们的教育主张。目前，幼儿园体育教育中还存在"四重四轻"的现象：重课程化轻游戏化，重教师组织的集体活动轻幼儿自选的活动，重室内活动轻户外活动，重小肌肉活动轻大肌肉活动。这些现象导致幼儿运动技能和身体协调能力差，缺乏意志力和忍耐力。为改善这些现状，真正把幼儿的身体健康作为幼儿园教育的首要任务，幼儿园体育活动的实施必须做到科学化、游戏化。幼儿园可通过晨间活动、集体体育活动、运动区域活动、民间传统体育游戏、擂台赛、运动会等多种形式的体育活动让幼儿与周围环境发生互动，促进幼儿体质、体能、体格的发展，并在人际互动中促进其良好个性品质的形成以及社会性的发展。

第一节　幼儿园体育活动概述

健康是人类从事一切活动的基础，体育是促进身体健康的重要手段。科学安排幼儿的体育活动，对于增强幼儿的体质，提高其身体素质，使其更好地适应未来社会的发展，具有重要的、深远的意义。

一、幼儿园体育活动的含义

幼儿园体育活动是遵循幼儿生长发育规律和体育活动规律，以培养兴趣、树立品德、学习动作、丰富运动体验为目标，以身体锻炼为基本手段，以游戏为主要形式，结合日光、空气、水等自然因素和安全卫生措施，发展幼儿的身体素质，提高其基本动作技能，增强其体质，促进其身心全面、和谐发展的教育活动。

二、幼儿园体育活动的理论基础

（一）陈鹤琴"健康第一"的教育思想

陈鹤琴是我国现代著名的教育家，他提倡要进行中国化的幼儿教育，是我国运用观察实验方法研究儿童心理发展最早的学者。陈鹤琴一生以"遇到危险，先救儿童"的决心研究中国儿童教育，撰写了近300万字的儿童教育著作，为儿童教育耗尽了毕生精力。陈鹤琴在《幼稚园的准备》一文中指出，幼稚教育重要的目的，是养成强健身体的儿童。幼儿园作为基础教育的起点，更应该注重幼儿的健康教育，幼儿园健康教育不仅对促进幼儿自身的健康与幸福发挥着关键的作用，更关乎为国家建设培养身体强健的人才的问题。健康的身体是幼儿进行一切活动的基石，幼儿智力、品行、道德、学业、社会交往的发展离不开一个健康的身体。

陈鹤琴在幼儿园教养活动项目的设定中明确提出，体育要居首位，这是今天幼儿教育本着"健康第一"的精神而制定的。由此可见，体育对于幼儿养成健康体魄的重要意义。陈鹤琴提出了发展儿童健康的几项措施：给幼儿充分的娱乐和游戏；重视幼儿的卫生与健康；重视户外活动；发展幼儿的各种活动动作以锻炼其运动器官；锻炼幼儿的体格以适应环境。陈鹤琴先生"健康第一"的教育思想给当下幼儿园体育活动的启示是，幼儿园开展体育活动，应树立"强身、健行、立品"三维融合目标，重在培育幼儿良好的运动能力、健康行为和体育品德，从而促进幼儿身心和谐发展。幼儿园开展体育活动，还应关注体育活动资源的开发与利用，强调幼儿在活动中发挥主体作用，让幼儿乐于运动、自主运动。

（二）动作熟练度发展序列理论

通过动作熟练度发展序列模型，我们可以知道个体在婴儿期、儿童早期、儿童中期、成人期四个不同年龄段的基本动作技能类型，以及基本动作技能发展的界限与障碍，明确3～6岁的学前期是幼儿基本动作技能学习和发展的最佳时期，同时，动作技能的发展又是幼儿身体健康发展的基石，详见图1-1。

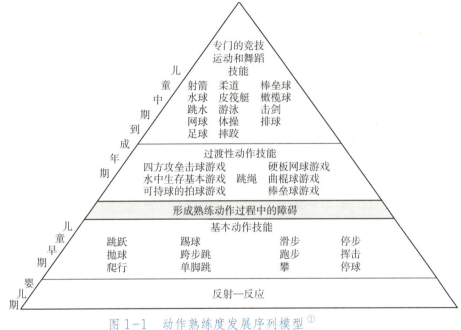

图1-1 动作熟练度发展序列模型[1]

根据动作熟练度发展序列模型，在体育活动实施时应遵循幼儿动作技能学习的规律，按照循序渐进原则精心设计体育活动内容，思考以走、跑、跳、钻爬、投掷、平衡等基本动作为主轴的核心经验设计内容。使内容的"序"和儿童发展的"序"有机整合，共同形成科学有序的体育活动内容，通过集体教学活动习得新经验，并在运动区域活动、拓展游戏中实现迭代升级，全方位呵护幼儿身心健康成长。

① 辛利：《体育课程教学理论与方法》，6页，广州，广东高等教育出版社，2019（有改动）。

（三）脑科学与体育运动

随着脑科学研究的不断深入，世界各国对脑科学与教育研究的重视程度越来越高，越来越多的脑科学研究者开始关注教育中的脑科学问题。近年来，体育教育领域的脑科学研究也取得了一些新发现和新进展，逐渐揭示了体育运动与脑的关系。第一，体育运动可以改善脑的可塑性。主要表现为对脑结构和脑功能的改变。体育运动对脑结构的改变主要体现在对脑区大小或灰白质密度、皮层厚度的变化；体育运动对脑功能的改变主要体现在对相关脑区激活水平产生影响以及改变脑功能网络。第二，体育运动能提高大脑的执行功能。脑执行功能是幼儿认知、情绪和社会功能的核心，脑执行功能不良的幼儿常继发行为和情绪方面的问题，经常参加体育活动能改善大脑执行功能。[①] 第三，幼儿期体育运动促进大脑的发展。人生早期的体育运动对脑可塑性的积极影响会起到储备作用，增加人生后期脑应对衰退和损伤的韧性。综上可知，脑科学的研究充分揭示了体育运动对幼儿发展的重要性，这种影响不是短期的，对儿童后期学业发展、社会交往乃至年老时期的健康和能力都起着决定性影响。

三、幼儿园体育活动的价值

（一）幼儿园体育活动促进幼儿身心全面发展

幼儿生长发育遵循一定的规律，生长发育是一个连续的、由量变到质变的过程，它并不是等速进行的，是具有阶段性的。幼儿阶段是人身体迅速发育的时期，身体各组织器官处于生长发育的关键时期，科学、适宜的体育活动对幼儿运动系统、心肺系统、神经系统等都具有良好的促进作用。第一，体育活动能增强幼儿神经系统对机体的调节能力和控制能力。第二，体育活动能使幼儿身体各部位的肌肉组织和关节得到有效锻炼，增强肌肉的力量和耐力，提高关节的灵活性和牢固性。第三，适宜的体育活动还能促进幼儿基本动作的获得与发展，使幼儿的协调能力、平衡能力、灵敏性、柔韧性、速度、力量和耐力都得到良好的提升，增强幼儿身体素质，为其后期进一步习得各类技能奠定良好的身体基础。

健康的心理也是确保幼儿一生健康成长的基础条件，适宜、适量、科学合理的体育活动能够帮助幼儿形成健康的心理，提高幼儿的认知能力，促进幼儿智力的发展，并帮助幼儿形成良好的情绪和性格。适宜的体育活动能帮助幼儿积极地进行智力活动，促进幼儿观察力、注意力、想象力、创造力以及思维能力的发展，

---

① 陈爱国、殷恒婵、颜军：《让孩子赢在体育课：脑科学研究对体育的启示》，载《全球教育展望》，2013（2）。

不断丰富其知识经验。体育活动可以让幼儿获得积极的情绪体验，有助于幼儿良好情绪和性格的养成，适当的体育活动能缓解幼儿日常其他活动带来的疲惫和紧张感，快速恢复体力，及时调整自身状态，促进幼儿身心的健康发展。

幼儿园体育活动对幼儿社会性的发展有积极的促进作用。幼儿期是幼儿社会性发展的关键期和可塑期，幼儿社会性发展主要包括人际方面的发展以及社会行为的发展。体育活动有助于幼儿形成良好的规则意识；能够培养幼儿勇敢、坚强的品质；有助于其养成良好的交往行为。在体育活动过程中，幼儿还可以逐渐建立团队意识、竞争意识并形成责任感。所以，教育界提出了"运动即人格"的观点，认为幼儿期的运动，绝非限于身体能力的锻炼，而是蕴含心智、情感乃至个性与品性的教育宝藏。幼儿对于运动的热衷与兴致，预示着幼年人格的雏形是健康的、和谐的。[①]

（二）幼儿园体育活动是幼儿教育的重要组成部分

自改革开放以来，国家颁布了一系列与幼儿教育有关的文件，如《幼儿园管理条例》《幼儿园工作规程》《幼儿园教育指导纲要（试行）》（以下简称《纲要》）《3—6岁儿童学习与发展指南》（以下简称《指南》）等，每一份文件中均提及了幼儿园体育活动在幼儿教育中的重要性。1989年出台的《幼儿园管理条例》指出，幼儿园的保育和教育工作应当促进幼儿在体、智、德、美诸方面和谐发展，同时幼儿园应保障幼儿的身体健康，以游戏为主要形式。2012年颁布的《指南》指出，发育良好的身体、愉快的情绪、强健的体质、协调的动作、良好的生活习惯和基本生活能力是幼儿身心健康的主要标志，也是其他领域学习的基础。2016年实施的《幼儿园工作规程》指出，根据保育与教育相结合的原则，遵循幼儿身心发展特点和规律，实施德、智、体、美等方面全面发展的教育，促进幼儿身心和谐发展。从这些文件中可以看出，幼儿园体育活动是幼儿教育中不可或缺的重要内容，它直接关乎幼儿健康身心的获得，也是幼儿健康成长的保障。

（三）幼儿园体育活动是课程体系建设的重要内容

幼儿园课程是有目的、有计划引导幼儿主动、积极活动的多种形式的教育过程。课程建设是幼儿园的重要工作，课程建设涉及教育观念的更新，课程结构、内容的调整和完善，幼儿活动状况的观察评价及分析，幼儿活动形式与方法的调整和创新，幼儿园课程资源的挖掘与利用以及幼儿园环境的改变和利用等工作。

[①] 丁海东：《户外游戏让童年诗意地栖居在大地上——幼儿园户外游戏的课程价值与基本理念》，载《幼儿教育·教育教学》，2019（10）。

幼儿园体育活动是幼儿园课程内容的组成部分，在课程体系建设中有着重要的位置。

作为独立的生命体，人生存的根本是健康，教育的首要目的就是使人健康。习近平在全国教育大会上提出："开齐开足体育课，帮助学生在体育锻炼中享受乐趣、增强体质、健全人格、锤炼意志。"幼儿阶段作为一个人成长的奠基阶段，更要注重健康的发展。幼儿经常参加适宜的体育活动是增强体质最积极有效的因素，也是促进身心健康的重要途径。幼儿园体育活动以幼儿的兴趣为出发点，以游戏为载体，满足幼儿爱玩天性，激活幼儿成长的内在动力；种类丰富的运动器械、愉悦轻松的情境氛围，让幼儿乐在其中，尽情释放潜能，体验创造之乐，收获成功之乐。所以，幼儿园课程体系的建设少不了幼儿园体育活动。

第二节　幼儿园体育活动的组织原则与形式

一、幼儿园体育活动的组织原则

主题背景下的幼儿园体育活动研究旨在将幼儿园体育活动置于特定的主题网络中，基于主题的建构性拓展幼儿园体育活动的教育形式，优化幼儿园体育活动的教育内容，创新幼儿园体育活动的教育模式。

为使主题背景下幼儿园体育活动开展得更加科学、有效，根据幼儿年龄、身心发展等特点，结合主题背景下幼儿园体育活动的特征，幼儿园在组织此类活动时应遵循以下原则。

（一）科学性

幼儿正处于基本动作形成和发展的时期，科学安排体育活动和组织是体育活动最基本的原则。具体要做到以下三点。一是内容的安排要体现科学性。基本动作要按照由低水平到高水平，由简单到复杂，由具体到抽象等顺序加以排列，内容的"序"和儿童发展的"序"有机整合，从而形成科学有序的体育活动内容。二是设计要体现科学性。要遵循幼儿的认知发展特点和生理发育特点，不仅仅只考虑幼儿掌握动作技能，还应关注幼儿的心理和社会品质发展。在提高身体素质的同时，能够促使认知、情感、态度、性格以及社会性等多方面全面发展。三是活动的组织要体现科学性。用热身活动来激发幼儿的兴趣，基本部分进行层级锻炼，关注幼儿自主意识和规则意识，并关注幼儿的安全，结束部分调整幼儿的身心，并引导幼儿参与器材的收拾与整理，养成有始有终的好习惯。

（二）游戏性

游戏能使幼儿积极主动地与周围环境相互作用，能够最大限度地唤起幼儿的活动兴趣，幼儿在游戏中探索、发现、思考，积极主动地构建自己的知识意义和经验。游戏不仅可作为体育活动的基本内容，也可作为组织体育活动的基本手段，贯穿幼儿园的整个活动。例如，在民间传统游戏中，教师可选用"老狼老狼几点钟"游戏作为体育锻炼的内容，让幼儿在基本玩法和创新玩法中习得反应能力的经验。在集体体育活动中，教师采用游戏的手段，如角色扮演唤醒幼儿的运动经验，创设游戏情境与规则让幼儿参与其中，寓教于乐，既能锻炼幼儿的身体，又能增强幼儿参与锻炼的兴趣，丰富幼儿的经验，培养幼儿良好的运动品质。

（三）主题性

在主题背景下，幼儿园体育活动是从主题活动线索中延伸出来的。所以，体育活动所选择的内容可考虑与主题相连，让幼儿获得的经验比较完整。例如，在小班主题活动"可爱的小动物"中，教师以"勇敢的小兔"为题设计集体体育活动，设计了"小兔采蘑菇"的活动，小朋友扮演"小兔子"，要经过"独木桥"（练习平衡）、"沼泽地"（练习双脚行进跳）、"小河流"（练习助跑跨跳）等才能到森林里采蘑菇。在这种有趣、生动并充满挑战情境的吸引下，幼儿积极参与游戏，锻炼了基本动作"跳"的发展，又懂得了小兔子的生活习性，更激发了幼儿对动物的喜爱之情。

（四）统筹性

主题背景下的幼儿园体育活动是依据师幼共同确定的主题而组织开展的，各种类型的体育活动都是依据主题组织实施的。我们在主题背景下，将园所场地资源、材料资源、幼儿兴趣与基本动作类型来统筹考虑体育活动的安排，并统筹考虑幼儿的年龄特点、现有水平、运动经验与认知经验来确定体育活动内容以及活动的难易程度。

主题背景下幼儿园运动区域活动是面向全园幼儿，让全园幼儿可以自主参与多种区域。所以，每个区域的设计都要考虑全园幼儿的年龄层级性和一个班级里能力水平不同的幼儿的层级性。同时，还要统筹考虑不同幼儿的需求，真正做到促进全园幼儿的全面发展。以"高下跳区"为例，在这个区域内我们设置了不同高度的跳台（板凳、桌子、油桶、油桶＋弹跳凳等），小班幼儿或能力相对弱一点的幼儿可以选择较矮的跳台、中大班幼儿可以根据自身需求选择更高的跳台，针对那些爱探索、喜欢挑战的幼儿，他们可以运用区域中投放的材料自主摆放、设计自己想要挑战的高度来进行高下跳。

（五）适量性

主题背景下的体育活动需要合理安排幼儿的运动量，遵循适量性原则。这里的适量具有两层含义，分别是幼儿的身体负荷和心理负荷。所以，教师在确定体育活动的活动量时要充分遵循幼儿的年龄特点，考虑幼儿的现有水平以及个体差异，选择适宜的运动项目、运动难度以及运动时长等，尽量保证全体幼儿都能适量地锻炼身体。此外，教师一定要及时关注幼儿的心理负荷。在安排体育活动内容的时候，要注重新旧搭配，能够让幼儿迁移已有的经验。同时，还应关注幼儿的挑战难度，挑战太难会让幼儿产生较大的心理负荷，应帮助幼儿把握好"度"。

（六）变通性

主题背景下幼儿园体育活动内容多源于幼儿的日常生活，是幼儿已有的经验，符合幼儿的认知并能激发幼儿参与的热情和兴趣。随着主题活动开展的不断深入，幼儿在与主题相关的教学活动中习得新的经验，又会有新的探索和需求，教师根据幼儿的新经验和需求灵活、变通地调整与主题相匹配的体育活动，处理好预设和生成之间的关系。以"动物大联欢"为例，根据小班"可爱的小动物"主题，以及中班"动物世界"主题予以整合，可采取大带小串班游戏方式，加强幼儿之间的社会交往，并在锻炼中萌发保护动物的感情。

二、幼儿园体育活动的组织形式

幼儿园体育活动实施的途径是多样化的，包括集体体育教学活动、体育游戏（民间体育游戏）、运动区域活动、晨间锻炼、运动会、远足活动等。无论采用何种实施途径，都有其自身独特的价值。主题背景下幼儿园体育活动的建构同样也涵盖了上述几种途径，下面我们一一阐述。

（一）集体体育教学活动

1. 主题背景下幼儿园集体体育教学活动的含义

幼儿园集体体育教学活动主要是指根据各年龄段幼儿体育活动的目标以及幼儿发展的实际状况与需要，通过设定适宜的目标、内容及过程，引导幼儿主动、积极地参与活动，促使其基本动作、身心素质等方面发展的一种集体形式的体育活动。[①] 它是幼儿园体育活动的重要组成部分。

虞永平教授提出，幼儿园主题活动是以主题所蕴含的基本事件、事实、现象

---

① 刘馨、张首文：《幼儿园健康教育资源　体育活动》，317页，北京，人民教育出版社，2018。

等为中心而引发的活动，这类活动内容涵盖范围广，既包含了幼儿园五大领域内容，又涉及了情感、认知、学习品质等多方面知识，具有很强的综合性和关联性，主题活动的开展不受时间的限制，主题与主题之间有一定的联系。

综合幼儿园集体教学活动和幼儿园主题活动的概念，主题背景下幼儿园集体体育教学活动是教师根据幼儿园主题活动，在遵循各年龄段幼儿身心发展特点、动作发展水平以及园所空间场地、器材设施等各方面条件的基础上，依据《纲要》《指南》中健康领域提出的目标、内容与要求为幼儿设计的，能够激发幼儿积极、主动参与活动，促进其发展基本动作、增强体质等一种集体形式的体育活动。

2.主题背景下幼儿园集体体育教学活动的组织

准备部分：在短时间内将参与活动的幼儿迅速组织起来，开展热身活动，帮助幼儿集中注意力，其主要目的是使幼儿舒展身体，调动幼儿参与活动的积极性和热情。

基本部分：主要目的是完成此次活动的教学任务，促进幼儿习得动作的新经验，提高动作技能，在活动过程中充分考虑活动的难度和运动量，合理分配时间，控制好运动强度。

结束部分：主要目的是帮助幼儿舒缓在活动中的紧张状态，组织放松活动，让幼儿的身体逐渐放松，由动转静并及时进行活动小结和整理器材。

3.主题背景下幼儿园集体体育教学活动的指导建议

第一，教师在活动中需要关注全体幼儿的发展，尊重幼儿的个体差异，力求让每个幼儿都能成长在最近发展区。第二，注重幼儿的全面和谐发展，不仅能使幼儿运动能力得到发展，还能促进其认知、社会性等能力的发展。第三，合理安排运动负荷，既关注幼儿的身体负荷又要关注其心理负荷。

（二）民间体育游戏

1.主题背景下幼儿园民间体育游戏的含义

民间体育游戏是民间传统游戏的重要组成部分，具有健身性、趣味性、普及性等特征。自党的十八大以来，习近平多次强调中华民族优秀传统文化的历史影响和重要意义，大力提倡传承中华民族优秀传统文化。将中华民族优秀传统文化引入幼儿园，从小培养幼儿对我国优秀传统文化的热爱是每位幼儿教育工作者的责任和担当。民间体育游戏是人们在民间创编的，将体力发展、智力发展以及身心娱乐融合为一体并代代相传的活动，深受人民群众的喜爱。现如今，民间体育游戏也成为幼儿园体育活动中必不可少的组成部分。

主题背景下幼儿园民间体育游戏是幼儿园体育活动的重要内容和组织形式之

一。它根据幼儿园主题活动，依据体育活动目标，由玩法、规则以及某些特有情节组成，是提高幼儿动作技能、促进幼儿动作发展、增强幼儿身体素质、发展幼儿基本活动能力的一项身体运动性活动。

2. 主题背景下幼儿园民间体育游戏的组织

第一，按照幼儿的身心发展特点安排相应的活动内容。不同年龄段幼儿的身心发展具有不同的特点，在组织民间体育游戏时，需要考虑幼儿的身心发展特点，选择适宜不同年龄幼儿发展的游戏，这样既能满足幼儿的成长需求，又能促进幼儿技能的发展。

第二，民间体育游戏的实施需创新思维。教师在选用民间体育游戏时，要取其精华，古法新玩，在内容上、形式上尝试创新：可在内容上对其进行整合与创新，运用组合法、拓展法、发散引导法；可在玩法与规则上对其进行改编，增加民间游戏的吸引力；可对玩具材料进行改造，变废为宝；可在形式上予以创新，增强趣味性。教师在使用时，应及时调整，及时改造，使民间游戏的内容与当代幼儿的生活相融合，使游戏焕发新的光彩。

3. 幼儿园民间体育游戏的组织建议

第一，教师在选择民间体育游戏时，应多选择本地区特有的民间体育游戏，有助于培养幼儿的本土情怀。第二，教师在选择民间体育游戏时一定要关注游戏自身的安全性和适宜性，去粗存精。第三，教师要因地制宜、因园制宜开展活动，满足本园幼儿的成长需求。

（三）运动区域活动

1. 主题背景下幼儿园运动区域活动的含义

冷小刚教授认为，所谓运动区域活动，是指教师根据幼儿生理特点、心理特点以及基本动作、运动能力发展特点，在班级体育活动中为幼儿提供多个活动区域环境，每个区域中投放不同的运动器具，幼儿可以根据自己的兴趣爱好选择区域，自由结伴、自由活动，在幼儿活动的同时教师进行适当指导的一种班级体育活动形式。

受冷小刚教授的启发，本研究认为，主题背景下幼儿园运动区域活动是，根据幼儿园主题活动以及园所环境、场地、器械等特点，依据本园幼儿身心发展规律和特点，结合《纲要》《指南》在健康领域提出的目标、内容与要求，为幼儿创设的若干与主题有关的活动区域，每个区域内容不同、材料不同，幼儿根据自身需求自主选择区域、同伴等，在幼儿自主活动的同时教师进行适当指导的一种活动形式。此类活动的开展要考虑主题活动的进展情况以及幼儿在活动中生成的问题。

2. 主题背景下幼儿园运动区域活动的组织

活动前：细致而留有余地的准备。运动区域活动中有三个非常重要的角色，即主持人（活动的设计者与组织者）、区域教师（活动的支持者和合作者）、班级教师（活动的引导者与反思者）。他们需尽到自己的职责以确保活动的顺利开展。主持人需要规划场地材料并确保安全，然后还要带领幼儿进行热身运动。班级教师在活动前引导幼儿自己做区域计划，并和幼儿进行探讨，以此提升幼儿的自我规划和自我管理能力。

活动中：基于观察和分析的指导。此阶段是区域活动中幼儿最自主的阶段。在活动中，主持人把控全局，整体调控，关注活动的运动量，适时进行换区调整。区域教师在活动中是至关重要的。他们需要科学站位，确保区域安全；需要关注每一名幼儿，能够因人指导；能根据幼儿的活动情况适时介入指导，必要时调整区域器材以吸引幼儿参与活动。

活动后：兴尽而有序地退场。结束环节以放松身心为主。主持人带幼儿做放松活动，舒缓幼儿的紧张情绪。放松活动结束后，主持人带领幼儿整理器材，班级教师带幼儿回班之后引导幼儿回顾并反思当天的活动，鼓励幼儿交流活动感受，大胆表达自己的想法。

3. 主题背景下幼儿园运动区域活动的建议

第一，根据主题，依据幼儿的年龄特点、兴趣爱好等规划区域。第二，科学投放区域活动材料，针对年龄小的幼儿投放人手一份、色彩鲜艳、玩法容易的器械，而对年龄较大的幼儿，多投放低结构材料，激发幼儿主动探索、自由组合材料的兴趣。第三，合理规划运动区域活动中的运动量，运动负荷较大区域周围设置负荷相对较小的区域，帮助幼儿缓解高强度运动带来的不适感。第四，区域活动需具有层级性，以满足不同能力水平幼儿的需求。第五，区域教师要全面关注活动过程，一方面确保幼儿在活动中的安全，另一方面能够为有需求的幼儿提供及时的帮助，如亲身示范、语言指导等。

（四）其他体育活动

幼儿园体育活动的组织形式多种多样，除了我们平时常见的集体体育教学活动、体育游戏、运动区域活动外，还有一些其他的组织形式，如晨间锻炼、运动会、远足活动、擂台赛等。不同的组织形式都有其独有的价值和特点，幼儿园可以根据自身实际情况，选择适宜本园幼儿开展的组织形式，通过科学、合理的设计以实现幼儿体育活动的目标，从而促进幼儿身心全面和谐发展。

1. 晨间锻炼

正所谓"一日之计在于晨"，许多幼儿园会以晨间锻炼的方式进行晨会活动，即幼儿入园后带领幼儿参与运动量较小的体育锻炼，让幼儿在户外呼吸新鲜空气，并锻炼身心。主题背景下幼儿园晨间锻炼主要指根据幼儿园主题活动，结合节庆、主题日等，全园幼儿共同参加或亲子参与的一种主题式锻炼方式。

晨间锻炼可结合节日，如传统节日、国庆节等开展主题教育和体育游戏，达到玩中学、玩中练的目的。一般晨会活动的时间为30分钟左右，在组织主题背景下幼儿园晨间锻炼时应注意：以一周一次的频率开展，并结合升旗仪式，培养幼儿的爱国情怀；活动内容要源于当下的节日，体现即时性；晨间锻炼应符合主题，能够满足大多数幼儿的发展需求；如条件允许，可邀请家长一起参与晨会活动。

2. 幼儿运动会

幼儿运动会是幼儿园常见的一种体育活动的组织形式，它可以激发幼儿参与体育活动的兴趣，增强幼儿对体育运动的喜爱之情。同样，运动会是一个展示团队和个人的平台，幼儿可以在运动会上展示自己、挑战自己、团结协作，在促进幼儿动作发展的同时，还能培养其良好的社会性。运动会的形式多样，如有以年级组为单位组织的幼儿运动会，有全园幼儿参与的运动会、亲子运动会等。主题背景下的幼儿运动会，是根据幼儿园的主题活动，以年级组或全园为单位，通过各种体育运动项目，引导幼儿相互交流，展示幼儿运动能力，促进幼儿动作发展的一种幼儿园体育活动组织形式。

在组织幼儿运动会时应该注意：选择的运动项目紧扣主题，难度适宜；选择的运动项目是面向全体幼儿的，能够确保人人可参与；选择的运动项目应凸显合作，注重培养幼儿的团队意识和集体荣誉感；运动会的表彰可多样化和童趣化，起到鼓励幼儿的作用。

3. 远足活动

远足是一种长途步行的运动，让幼儿有机会走出家门、园门，广泛接触自然、接触社会。幼儿园远足活动主要是指幼儿走出幼儿园，在户外进行较长距离的行走锻炼，开展适宜的远足活动对幼儿来说，有着非同寻常的意义。远足活动在促进幼儿锻炼身体的同时，还可以拓宽幼儿的视野，帮助幼儿增长见识、陶冶情操。主题背景下幼儿园远足活动是指教师根据幼儿园主题活动，有目的、有计划地围绕主题安排的较长距离的行走锻炼。例如，在"多彩的秋天"主题活动中，幼儿园可根据周边公园的资源，安排幼儿走路到达晓园公园、烈士公园等地，去户外观察秋天的多姿多彩。

在组织幼儿远足活动时应该注意：根据主题，有目的、有计划地设计适合本园幼儿开展的远足活动。在设计活动时，教师要根据园所幼儿的身心发展情况，制定合理的远足路线；活动前期，教师要做好安全教育，做好前期各类准备工作，如物资准备、人员配备、控制时长等；做好家长工作，提前告知家长远足的相关事宜，取得家长的支持与配合，也可邀请家长一同参与远足活动；在远足途中，教师可根据远足中遇到的风景或者事件开展随机教育。

第二章
幼儿园体育活动的环境创设 ·· ≫

　　幼儿园是幼儿学习与生活的环境。随着教育观念的变革，幼儿园也发生了翻天覆地的变化。幼儿园的建设打破了传统的建筑模式，建筑设计更加新颖且富有创造性，更加科学且具有审美性，充分满足 3～6 岁幼儿成长的需求。

　　《纲要》提出，幼儿园要开展丰富多彩的户外游戏和体育活动，培养幼儿参加体育活动的兴趣和习惯，增强体质，提高对环境的适应能力。幼儿在环境中成长、生活，所以，环境也是一项重要的教育资源。幼儿园环境有广义与狭义之分。狭义的幼儿园环境主要指幼儿园内部所包括的环境。广义的幼儿园环境主要指幼儿园教育赖以进行的、促进幼儿身心发展所必需的一切条件的总和，既包括园内小环境又包括园外大环境。它主要包括幼儿园的各种物资、器械、设施设备、自然、教师、幼儿，以及师幼、幼幼等人际环境、信息环境、园所文化等。

　　《纲要》还指出，幼儿园教育应当贯彻国家的教育方针，坚持保育与教育相结合的原则，对幼儿实施体、智、德、美、劳诸方面全面发展的教育。良好的体质、健康的身心是幼儿园一切工作的重中之重。所以，幼儿园体育活动尤为重要，创设体育环境是促进幼儿多方面能力发展的不可或缺的一个途径。

　　幼儿园体育活动环境是幼儿园环境的重要组成部分，它是幼儿在幼儿园开展一切体育活动所具备的一切条件的总和，由多种要素构成。根据构成要素的内容差异可将幼儿园体育活动环境分为硬件环境和软件环境。硬件环境主要包括幼儿园的教学楼、各种活动场地、设施设备、器械、自然物等；软件环境包括人际关系、园所文化、体育教学活动氛围等。[①] 本章主要探讨幼儿园体育活动的物质环境，即空间环境和器械的开发与利用。

---

　　① 王广强：《河南省商丘地区农村幼儿园体育活动环境研究》，硕士学位论文，北京体育大学，2010。

第一节 幼儿园体育活动空间环境的创设

幼儿园体育活动空间环境是幼儿园体育活动顺利开展的前提基础和硬件资源，它直接决定了体育活动内容的选择。幼儿园体育活动空间环境可以分为户外体育活动空间和室内体育活动空间。

幼儿园户外体育活动空间是指在幼儿园建筑以外，与建筑物内部空间相对应的空间形态，它是由建筑及构筑物围合而成的，还有可能包括建筑物或构筑物。从景观上说，是指在幼儿园内，服务于步行、穿越、游戏、休息、交往等功能的场所，包括游戏场地、水、沙地、道路、植物等各类软质、硬质景观；从使用角度上说，它是面向教师、幼儿使用的户外开敞空间。[①]

幼儿园室内体育活动空间是指包括班级活动空间、各类型专项或特色活动室、礼堂以及联系各功能用房的公共交通空间，如走廊、中庭、大厅以及诸多边界不甚明确的过渡性空间或共享空间等。[②] 本书中论述的室内体育活动空间主要包括教室、走廊、风雨操场、楼梯间。

一、户外体育活动空间的创设

（一）时间 + 年龄，科学划分户外公共空间

如何使有限的户外公共空间发挥更高、更有效的价值，一直是幼教工作者在思考、探索的问题。每所幼儿园的户外空间都是有限的，尤其是城市幼儿园。因此，科学合理规划幼儿园户外空间对确保幼儿开展户外活动有重要的意义。幼儿园的户外空间场地需照顾到各年龄班幼儿开展体育活动的需求。

《托儿所、幼儿园建筑设计规范》（JGJ39-2016）修订版（2019 版）提出，幼儿园应设置全园共用活动场地，人均面积不应小于 $2m^2$；幼儿园每班应设置户外活动场地，人均面积不应小于 $2m^2$。《湖南省示范性幼儿园标准》提出，省示范性幼儿园要有相应的户外活动场地（绿草坪），生均面积不低于 $4m^2$。基于上述规定，为保证每位幼儿每天的户外活动时间，教师需要根据幼儿年龄特点，对园所的户外公共空间进行科学规划，见表 2-1，图 2-1、图 2-2。

---

① 汪颖赫：《幼儿园户外空间环境设计研究》，硕士学位论文，东北林业大学，2011。

② 黄晓晨：《社区幼儿园室内活动空间适应性设计研究：以大连地区为例》，硕士学位论文，大连理工大学，2014。

表 2-1　幼儿园体育活动安排表

时间段		周一	周二	周三	周四	周五
上午	8:45—9:15	集体教学活动	集体教学活动	集体教学活动	集体教学活动	集体教学活动
	9:15—11:15	自主游戏	自主游戏	自主游戏	自主游戏	自主游戏
下午	15:00—15:45	小班同龄跨班运动区域活动	全园混龄跨班运动区域活动	中班同龄跨班运动区域活动	大班同龄跨班运动区域活动	
	15:45—16:20	中、大班混龄跨班运动区域活动		大带小混龄跨班运动区域活动	小中班混龄跨班运动区域活动	

备注：1. 上午的集体体育教学活动根据园所的场地统筹，分别在不同年龄班开展，并注意在早餐半小时后再安排，一般每班每周安排1~2次。

　　　2. 周五为班级自主日，由班级自主安排体育活动。

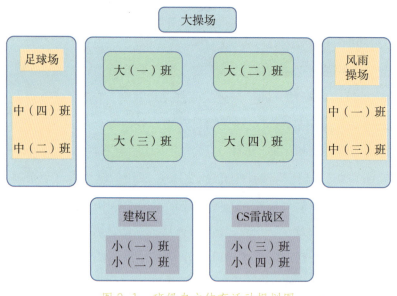

图 2-1　班级自主体育活动规划图

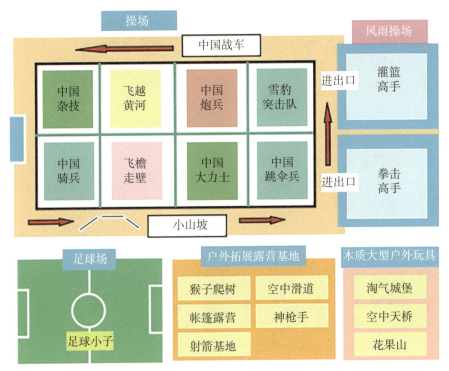

图 2-2　混龄跨班户外运动区域活动空间规划图

下午园所一般以混班或混龄体育活动（即运动区域活动）为主，依据幼儿动作的发展、材料的提供、主题活动来划分幼儿园的空间，幼儿自主选择运动区域进行相应的活动。以主题"解放军训练营"为例，幼儿园操场被分为9个区域（如图2-2），分别为中国杂技区（主要发展幼儿爬行、平衡等能力）；飞越黄河区（主要发展幼儿助跑跨跳、四肢协调等能力）；中国炮兵区（主要发展幼儿投掷、手眼协调等能力）；雪豹突击队区（主要发展幼儿钻爬、四肢协调等能力）；中国骑兵区（主要发展幼儿平衡、控制等能力）；飞檐走壁区（主要发展幼儿跑、跳、四肢协调等能力）；中国大力士区（主要发展幼儿走、平衡、合作等能力）；中国跳伞兵区（主要发展幼儿跳、控制等能力）；中国战车区（主要发展幼儿平衡、协调、控制等能力）。足球场为足球区，主要发展幼儿跑、协调等能力。食堂旁边的空间为户外拓展露营基地，里面被分为5个区域，分别为猴子爬树区（主要发展幼儿攀爬、四肢协调等能力）；空中滑道区（主要发展幼儿悬吊、控制等能力）；帐篷露营区（主要是幼儿调节休憩区）；神枪手区（主要发展幼儿手眼协调、控制等能力）；射箭基地区（主要发展幼儿手眼协调、控制等能力）。幼儿园大型固定户外玩具区域：淘气城堡（主要发展幼儿四肢协调、合作等能力）；空中天桥（主要发展幼儿走、跑、平衡等能力）；花果山（主要发展幼儿钻、爬、合作等能力）。场地的统筹规划让幼儿处处可运动。

（二）兴趣 + 探索，灵敏拓展户外隐秘空间

从幼儿心理学的相关理论研究得知，幼儿园体育活动场地应具有趣味性和探索性，以激发幼儿参与活动的热情和积极性。

1. 设置不同的地形空间

我国大部分城市幼儿园因受地域、自然环境等多种条件的限制缺乏多样性地形。因此，园所可以根据本园特色，设置不同的地形，增强场地的趣味性。例如，在室外空间设置坡地、隧道、石子路等，简简单单的坡地，会大大激发幼儿的兴趣，幼儿爬到坡顶会获得成就感，从坡上下来的时候又可以锻炼其身体控制能力（图 2-3 至图 2-5）。

2. 设置天然游戏场

幼儿园中有很多自然物，如树木、草地、沙、水等。这些场地是天然的游戏场，需要教师赋予自然物"游戏灵魂"，使其成为幼儿游戏的乐园。例如，给树木装上篮筐、装上攀岩点，游戏情境自然萌发。又如，图 2-6 "小松鼠摘坚果"，幼儿系上安全带，背上小背篓，双手紧紧抱住树干，脚踩攀岩点向上爬，爬到顶端采一颗坚果放入背篓，既有情境，又有挑战，幼儿喜爱至极。

图 2-3　石子路

图 2-4　坡道

图 2-5　本园丛林探险

图 2-6　小松鼠摘坚果

3. 设置迷宫

半封闭的空间场地会给幼儿带来神秘感，幼儿园可以充分利用低矮的灌木，围合成各种弯弯曲曲的半封闭空间，或者搭建城堡、隧道等具有私密空间的场所（图 2-7、图 2-8）。幼儿在神秘未知的迷宫中，一点点探索迷宫中所隐藏的信息。利用迷宫，幼儿园还可以开展寻宝游戏，将"宝物"藏在迷宫中，让幼儿寻宝，在这个过程中能帮助幼儿感知方位，也能增强幼儿的观察力。这种充满探索性的游戏，深受幼儿喜爱。

图 2-7　隧道　　　　　　　　图 2-8　碉堡（半封闭空间）

（三）童梦＋倾听，打造幼儿心中乐园

幼儿是有思想且独立的个体，他们有权利对自己生活、游戏、学习的空间提出自己的设想，并进行自主设计、决策。所以，在创设幼儿园体育活动环境时，我们要尊重幼儿的想法和决定，并付诸实施。幼儿园在建设之初可以适当留白，让幼儿自己设计，创设他们喜欢的乐园。例如，幼儿园"国防教育基地"便

是根据幼儿自己的想法和愿景创设出来的。幼儿园园长在倾听幼儿的需求和想法后，将园里的一处空地打造成幼儿自己设计规划的"国防教育基地"（图2-9、图2-10）。在幼儿自己设计的区域里，他们积极地进行各种体育活动，用自己的眼睛看，用自己的耳朵听，用自己的头脑想，用自己的双手做，而不是被要求、强迫、牵引，按成人的逻辑和意志去行动、去思考。

每个幼儿都有自己的想法，所以教师要尊重幼儿的需求，从幼儿的视角出发，利用可以利用的一切条件，创设幼儿自己的乐园。所以，在创设体育活动空间时，幼儿想使用哪一个区域，想在区域中玩什么、想用什么玩，教师不应限制过多，将空间场地的设计权、选择权和使用权给予幼儿。教师要做的是倾听幼儿的心声，尊重每一个幼儿的选择，接受幼儿间的差异，并鼓励不同年龄、不同班级幼儿一起游戏，提高他们的交往能力与合作能力，促进幼儿的全面发展。

户外体育活动空间的创设可通过以上几种形式，在考虑空间质性与功能的基础上，以达成立面空间的融合和补位、空中空间的串联和多样、自然物的嵌入和组合，以充分利用每处户外空间。

图 2-9　幼儿与园长交谈想法

图 2-10　幼儿设计的"国防教育基地"

二、室内体育活动空间的创设

（一）功能+动作，巧妙规划室内三维空间

当遇到阴雨天、雾霾天等不适宜在户外开展活动的情况时，室内体育活动空间的创设尤为重要。以往，教师对室内体育活动空间的开发，更倾向于凭借多年

积累的经验来进行，并没有发挥出室内空间场地自身的功能。其实，我们需要多角度思考、挖掘室内场地，从平面、立面、顶面三维角度来创设。

1.平面建构，巧思布局

室内的平面空间因建筑结构不同，而有其独有的功能和风格，我们可以加以利用。首先，巧用地势。依地势不同而设计不同的运动区域，满足幼儿运动能力发展的均衡性。依据幼儿动作发展和兴趣爱好，我们和幼儿一起对室内运动区域活动空间进行规划，可分为攀爬区、投掷区、平衡区、跳跃区、悬吊区、手眼协调区、综合锻炼区等。以楼梯为例，其本身具有很好的攀爬功能，可将攀爬区设置在楼梯区域（图2-11）。我们用橡皮筋设置成"电网"，营造情境，激发幼儿参与活动的兴趣并锻炼幼儿的攀爬能力和身体的控制能力；可借用楼梯斜坡的功能，在上面摆放可攀爬的木板，使场地更加富有挑战性，增加活动的趣味性（图2-12）；还可以借助楼梯台阶设置投掷区域，锻炼幼儿的上肢力量以及手眼协调能力（图2-13）。其次，巧用地面（图2-14）。依据幼儿的年龄差距和个体差异，我们设计不同的地面游戏。根据幼儿好游戏、好动、好模仿的特点，在地面设置不同类型的图标进行跳跃练习、平衡练习和走的游戏。小班可进行动物类型图标设计，融合小兔跳、大象走等情境，趣味性更强；中班可结合民间游戏进行田字格练习单双脚交替跳等，发展幼儿的运动技能；大班则可增设智力型游戏与运动结合，促进多元发展。最后，巧设图标（图2-15）。依据幼儿活动路线，设计安全管理标识，保障空间使用的有序性。运动需要空间来进行身体的移动，但幼儿选择运动区域时又形成了人员流动，如管理不善就易发生碰撞等安全事故。所以，利用地面安全图标给幼儿隐性提示，可在走廊、楼梯间设置运动路线、方向指引图标，以保障幼儿的安全。

图2-11　巧用地势穿越电网

图 2-12　巧用地势攀爬楼梯　　　　　图 2-13　愤怒的小鸟

图 2-14　巧用地面　　　　　　　　　图 2-15　巧设图标

2. 立体开发，巧用支点

现有研究指出，我国城市幼儿上肢力量发展较弱，原因之一是没有适当的活动场地和器材能够让幼儿进行上肢力量的锻炼。幼儿园建筑的实心墙体、镂空栏杆、立柱、窗体、柜体等都是可以被利用的空间资源，在开发这些立面空间时，可倾听幼儿的想法，巧用支点，设置可运动的环境。具体可通过以下三点来进行。一是以实体墙面为支点，利用墙面阻挡功能设置投掷类运动。例如，可利用走廊墙面或者教室墙面设置飞镖投准、粘靶球项目等（图 2-16）。二是以镂空立面为支点，利用空隙部分与小型移动性器械结合使用，可以走廊墙洞为支点，装设拉力装备器械，进行上肢力量的拉伸练习（图 2-17），还可以窗体栏杆为支点，装设布制绳练习结辫子，锻炼小肌肉发展。三是以立面之间的空间为支点，利用间距考虑物体的连接使用。室内的阳台、走廊、教室等有不同的物体连接点，如柱子之间、墙壁之间、柜体之间等。如果运用得当，可充分发挥其功能，教室立柜之间可搭建攀爬网，进行投掷练习；阳台柱子之间可连接上下两根绳索，进行单绳平衡走等（图 2-18）。

图 2-16　走廊、教室墙面的利用

图 2-17　镂空立面的运用　　　　图 2-18　立面之间空间的利用

3.空中延伸，巧相呼应

幼儿园现有的室内顶面空间利用更多考虑美化作用和隔断功能，较少考虑其运动功能。应将室内的顶面空间进行多维思考，增强其与幼儿的互动性。走廊、教室、拐角等顶面因其高度不一，幼儿流动人数多寡不一，可进行不同组合的运用。一是运动与美化相呼应。环境创设整体风格的呈现能给幼儿带来美感，顶面的利用应兼顾美化原则，如利用顶面的支撑悬挂幼儿作品，悬挂时注意高低错落，让幼儿在欣赏美术作品的同时进行"摸高"游戏。二是顶面与立面、地面形成主题呼应。室内运动环境尽可能做到一体化的整合设计，按照一地多玩的方式进行创设，如利用办公场地的拐角开发"熊猫顶球"的主题创设，地面有熊猫的数字迷宫游戏，顶面悬吊熊猫喜欢的各种绳梯、吊环等器具，墙面布置成软墙，幼儿根据地面迷宫的胜负决定玩绳梯的先后顺序，能力水平低的幼儿可借助墙体实行翻越，在玩法上形成组合，并满足幼儿挑战的需要。三是顶面开发与幼儿的兴趣点相呼应。幼儿有权利对运动空间提出自己的设想，并进行自主设计和共同决策。幼儿的创设经验往往来自自己的生活，包括影视作品。在创设园内连廊时，幼儿提出"我是投掷手"的创意，教师利用顶面悬挂轻质透明的凹型器具或者敏捷圈，幼儿变身为投掷手进行彩球投掷练习（图2-19）。室内空间的科学合理规划为幼儿提供了更多的运动空间。

图 2-19　我是投掷手

（二）走廊＋回廊，完美融合幼儿游戏与安全

安全工作永远是幼儿园的首要任务，保障幼儿的安全是每个幼儿园义不容辞的责任，如何有效处理安全和"放手"的关系是每个幼教工作者面临的难题。在对幼儿园室内体育活动空间场地进行整体规划时，需注重廊道互通，充分利用多方面条件保障幼儿的安全。幼儿在参加体育活动时是热情满满的，会出现奔跑、追逐、跳跃、翻滚等大幅度动作，而且活动中的人流量较大。为确保室内体育活动中幼儿的安全，室内的某些场所既是幼儿的游戏区域，又是体育活动中的安全通道，如教室外的大走廊（图2-20），教学楼之间的连廊（图2-21）等空间。这类场地既可以保证在雨雪、雾霾等恶劣天气下，幼儿能进行体育活动，又能够确保幼儿在恶劣天气下活动的安全。室内功能齐全的活动场地，一方面保护了幼儿的安全，另一方面为幼儿的探索提供了条件。在组织开展全园体育活动时，连廊可以用于串联各个户外体育活动场地，使各个场地层次更丰富，联系性增强，幼儿通过连廊进到各个场地，避免了路少人多的拥挤现象。

图 2-20　兼具安全与游戏性的教室走廊

图 2-21　兼具安全与游戏性的风雨连廊

第二节　幼儿园体育器械的开发与利用

　　器械（也叫材料）是幼儿园体育活动乃至幼儿园各类教学中不可缺少的物质载体，是一切活动的物质基础，也是开展活动的重要依托。幼儿是通过直观、具体、形象等方式来认识周围世界的，幼儿借助器械来实施操作，进行探索，丰富的器械资源为幼儿的成长提供了充足的物质保障。

　　虞永平教授认为，幼儿园中的被称为材料的有两类，一类是物质材料，一类是非物质材料。物质材料包含设备、器材和其他物质性材料。非物质性材料主要指作品、规则、既成文化等精神材料，它们会以非物质的形式来呈现。[1]

　　在参考《学前教育装备指南》《幼儿园活动区玩具配备使用手册》等文献的基础上，我们根据使用器械时是否会产生位移，将其划分为移动性器械和固定性器械。移动性器械主要包括园所内各种各样的体育器械、非体育器械、自制器械等，便于取放、移动，且多以低结构材料为主。固定性器械主要指园所内的一些大型器械和攀爬类材料，多为高结构材料。

一、体育器械的种类及功能

（一）幼儿园固定器械种类及功能

（二）幼儿园移动器械种类及功能

扫码阅读《幼儿园固定器械种类及功能》　　扫码阅读《幼儿园移动器械种类及功能》

---

① 虞永平：《物质材料与幼儿园课程》，载《幼儿教育》，2006（1）。

二、体育器械的开发与利用

（一）丰富固定器械，巧妙整合运用

1. 大 + 小，组合优化

大型运动器械是每个园所必备的一种器械，如滑梯、天台、吊桥等，幼儿可以运用这些器材进行走、跑、平衡等练习，但这些器材能够玩的游戏较为单一，多次游戏后幼儿容易失去兴趣，而且固定性器材容纳幼儿同时进行游戏的人数不多，容易出现消极等待的现象。基于此，园所可以将大型固定器械与小型固定器械组合，如在大型器械吊桥上组合沙袋、攀登绳、吊环、软梯等小型器械，幼儿可以进行攀爬、拳击、悬吊等游戏。"大"带"小"的组合，丰富了固定性器械的功能，可以很好地减少幼儿消极等待的情况；同时，组合后的固定性器械既能支持幼儿进行下肢走、跑、钻爬的游戏又可以支持幼儿开展发展上肢力量的游戏，如图 2-22 至图 2-24 所示。

图 2-22 吊绳

图 2-23 吊梯

图 2-24 吊环

2. 树+草，天然乐园

树木和绿化带是幼儿园里天然的固定性器械。郁郁葱葱的草地和绿化带是幼儿的天然游戏场，幼儿可以借此开展情境性游戏，如唐僧师徒四人取经、飞越丛林等（图2-25、图2-26）。单独的一棵棵树木安装踏脚等支撑架可以变成幼儿攀爬练习的好场地；在树干上悬挂篮球筐则成为幼儿练习投掷的好助手；利用相连的几棵树木可以搭建攀爬网、悬挂吊床等引导幼儿进行攀爬、平衡的练习。

图 2-25　取经路上　　　　　　　　　图 2-26　飞越丛林

（二）深探移动器械，提高利用效率

1. "1+3+N"，一物多玩

每种器械均有自身的逻辑特点，如型号逻辑、摆放逻辑、结构逻辑等。同一器械的型号逻辑有大小不同、宽窄不同、高低不同、重量不同等，可根据幼儿能力、水平的不同提供多样化的型号；同一器械的摆放逻辑有疏密变化、远近变化、直曲变化、高矮变化等，可根据目标要求进行不同的摆放；同一器械根据其高低结构性，指向动作发展不同，高结构的器械指向的动作发展目标更单一，而低结构器械在使用上可有多种变化，指向幼儿发展的动作也更加多元。

根据器械具备的这些特性，引导幼儿进行"1+3+N"的探索，"1"是指某一种器械；"3"是指三个年龄班；"N"是指不同年龄段幼儿用一种材料创造出的多种玩法，包含了走、跑、跳、钻爬、平衡等7大基本动作。"1+3+N"的组合可以提高每一种器械的利用率，将器械进行了最大化的开发与利用，如软棒在三个年龄班的不同玩法（图2-27至图2-29）。这种"一物多玩"的呈现，是通过器械逻辑特点的变化而产生的，即根据任务由易到难，形成序列，逐级挑战；还可以是通过参与游戏的人员数量变化产生的，即单人如何玩，双人如何玩，小组如何玩等，如在用泡沫垫游戏时，可根据泡沫垫自身的宽度、高度和摆放变化，进行跳高、跳远等不同的探索活动，还可挑战在泡沫垫上进行平衡站立，人数越多，难度越大，幼儿的合作意识和身体控制能力也在游戏中得到逐渐增强。对器械的开发与利用，应考虑器械的特性、幼儿的年龄特点及活动目标等因素，探索一物多玩，满足幼儿运动的多样性，促进幼儿的纵向发展。

【案例】

一物多玩（软棒）

小班：运用软棒进行跨跑锻炼

活动名称：跨越山丘

活动目标：通过练习抬脚、跨越的动作，提高身体的协调性和控制力，增强腿部肌肉力量。

材料摆放说明：纵向摆放一根根软棒，形成一条通道。

游戏玩法及规则：

①从起始点出发，双臂自然摆动，双脚交替跨过软棒，到达终点后，从一侧跑回队尾。

②脚不能碰软棒，如碰到应及时还原软棒位置。

图 2-27 小班跨越山丘

中班：运用软棒进行持物平衡跑

活动名称：护送金箍棒

活动目标：通过在跑的过程中控制速度、保持平衡，增强身体的平衡性和灵活性。

游戏玩法及规则：

①双手小臂向前平举，控制重心的起伏和跑步的速度，保持软棒平稳不掉落。

②全班分两组游戏，后期可在行进道路上增加障碍物，增加游戏的难度。

图2-28 中班软棒持物平衡走

大班：运用软棒进行合作侧身跑

活动名称：齐心协力

活动目标：在熟练侧身并步跑的基础上，通过背对背合作夹物的方式，提高与同伴合作的能力；发展全身的协调能力和平衡能力。

游戏玩法及规则：

①两人一组，背对背，手拉手，背部夹软棒，侧身并步跑。

②保持软棒尽可能不掉落，至终点后，传给下一组同伴。

图2-29 大班软棒合作跑

2."N+3+N"，多物多玩

幼儿是有能力的学习者，要想使器械物尽其用，发挥其最大的效能，可以利用不同器械进行组合变化，进行"N+3+N"的探索，第一个"N"是指器械的多种组合方式；"3"是指三个年龄班；第二个"N"是指同一个组合器械在玩法上的变化。在实践中，可通过引导幼儿依据建构游戏的搭建技能进行经验迁移，利用延长、垒高、架空、插接等方法对多种器材进行两两组合或多重组合。组合的类型是多样的，有移动性器械与固定性器械的组合，小型器械与自然物的组合，小型器械与废旧器械的组合，也有废旧器械之间的组合以及多种器械的组合，器械的多重组合会带来更多的功能，衍生出更复杂的玩法。教师还可以根据幼儿的年龄特点，增加不同性质器械的投放，以激发幼儿动手操作、动脑创新。例如，小班幼儿动手操作能力差，且以具体形象思维为主，可多投放颜色鲜艳的高结构材料；中班幼儿各方面能力有所增强，可以一半对一半投放低结构材料和高结构材料；大班幼儿好探索、爱动手，可以多投放低结构材料，以满足大班幼儿的探索和求知欲。这种多重组合器械的方式，极大地激发了幼儿的探索欲和参与程度，幼儿主动积极地与器械互动，组合出各种综合锻炼的器械，促进了幼儿多方面动作的发展，增强了其锻炼价值。

3. "N+1"，多物一玩

对同一动作技能的发展，应有丰富的材料支撑予以达成。如何让同一区域的材料有新鲜的学习经验，可引导幼儿进行"N+1"的探索。"N+1"指向两个层面，第一个层面是指同一个区域，多种材料进行同一种动作的练习；第二个层面是指同一个动作练习时，有 N 个层级，满足不同能力和年龄的幼儿的需求，以及个体发展的阶梯性需求。例如，练习幼儿的手眼协调时，既有"赶小猪"的游戏材料供幼儿选择，又有"愤怒的小鸟"的材料供幼儿选择，不同的材料，从而殊途同归。同时，在玩每一个游戏时，通过材料的难易程度可以玩出 N 种层级。在玩"赶小猪"的游戏时，用奶粉罐、牛奶罐、酸奶瓶制成三种大小不同的"高尔夫"球杆，可使用海洋球、报纸球、皮球等大小、质地、重量不同的球，"房门"有大、中、小三个尺寸，路线有远近不同和坡度不同，由此，幼儿可自由选择搭配，延伸出 27 个以上不同层级的难度。依托不同的环境材料，使幼儿在练习相同动作技能的同时有了满足感。这种基于某一种动作技能发展的多物一玩的方式，充分尊重和接纳了幼儿的个体差异，促进了幼儿运动能力向深度发展。

第一节 小班集体体育教学活动案例及分析

一、小鸡找朋友

（一）设计思路

小班幼儿喜爱钻爬活动，但多为正面钻。由于空间、体位知觉较差及害怕碰到障碍物，幼儿钻"山洞"时容易出现提早直立动作而导致身体触碰障碍物。虽然小班幼儿对于正面钻的动作相对比较熟悉，但正面钻不触碰"山洞"对他们来说有难度，为了解决这一难题，使正面钻的动作更规范，本活动根据小班幼儿直观形象思维为主的年龄特点，借用"小鸡"这一角色形象，创设趣味情境，让幼儿在自由、宽松、愉快的环境中进行游戏，从而掌握正面钻的动作要领，进一步发展幼儿身体的协调性。

（二）活动目标

①喜欢参加体育活动，感受与同伴一起游戏的快乐。

②在游戏中，促进身体灵活性、肢体协调能力的发展。

③学习正面钻的基本动作，能钻过 70 厘米高的障碍物，并能根据障碍物的高度灵活地调节身体。

（三）活动重难点

重点：学会正面钻的基本动作。

难点：在钻过 70 厘米高的障碍物时，保持动作规范、协调，不触碰障碍物。

（四）活动准备

1. 材料准备

①小鸡头饰若干，独木桥 4 个，海绵垫 4 床，老鹰头饰 1 个，挂有铃铛的拱门 4 个（高度分别为 60 厘米、65 厘米、70 厘米和 75 厘米），各种动物卡片若干。

②热身及游戏音乐《小鸡小鸡》，放松音乐《彩虹的约定》。

2. 场地布置

场地 1

场地 2

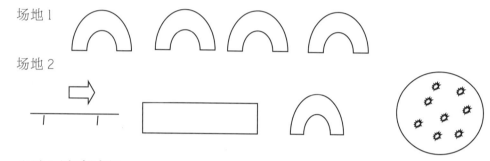

（五）活动过程

1. 开始部分：幼儿扮演"小鸡"，听音乐进行热身活动

创设"找朋友"的游戏情境，幼儿扮演小鸡，教师扮演鸡妈妈。根据音乐，教师念儿歌口令，引导幼儿做身体动作。（点点头，捉虫子；动动手，飞一飞；扭扭腰，跳一跳；跺跺脚，横着走。）

分析：

通过角色扮演、音乐带动、儿歌激趣进行热身活动，不仅让幼儿活动了身体各关节，又激发了幼儿参与游戏的积极性。有针对性的身心调动，为后续活动做了充分的准备。

2. 基本部分：通过游戏学习正面钻，完成挑战找到好朋友

（1）通过角色扮演，学习正面钻的动作

①创设游戏情境，明确游戏任务。

师："今天天气非常好，我们要去动物乐园找朋友，在找朋友的路上我们要经过一个山洞。请小鸡们注意在钻山洞的时候不要碰到铃铛，否则会引来老鹰。"

分析：

教师通过语言引导，明确游戏任务，有针对性地提出钻山洞的注意事项。

②教师示范讲解动作要领，"小鸡"随"鸡妈妈"在草地上练习。

教师示范讲解：小鸡腿儿弯一弯，背儿弓一弓，头儿低一低，铃铛碰不到。

③游戏：老鹰捉小鸡，练习正面钻的动作。

游戏玩法：幼儿听音乐在草地上玩，音乐一停，要依次穿过山洞，躲到山洞对面的树林里。当教师说"老鹰来了"时，幼儿要全部钻过山洞。教师视幼儿完成情况说提示语，反复引导幼儿正面钻3～4次。

分析：

教师通过身体示范，运用儿歌讲解，形象展示"正面钻"的动作要领。游戏情境引发幼儿游戏的趣味性，铃铛的运用既提示了钻洞的高度，又提示了幼儿钻过山洞时不能马上直立身体，以此形象地解决了幼儿钻山洞易碰倒拱门的难点。

（2）游戏：小鸡找朋友，巩固正面钻的动作

游戏玩法：幼儿分成4队，每次每队派一人前往动物乐园找朋友，走过独木桥、跑过草地、钻过山洞到达动物乐园，找一个自己喜欢的动物朋友（动物卡片），从旁边返回，并将好朋友送到自己家，排在队伍后面继续游戏（图3-1）。

游戏规则：钻山洞时不能碰到铃铛，铃铛发出声音时，教师扮演的老鹰就会出现。每次只能找一位动物朋友，每次找的朋友可以不一样。幼儿反复游戏3～4次。

分析：

钻的动作练习运动量不大，比较平缓，通过增加平衡和跑的动作，增加运动量。在情境创设中，增设达不到任务要求则出现老鹰的情境，使幼儿关注钻的动作要求，解决活动的难点。在游戏中，整合科学领域"找不同"，提高幼儿分辨能力和记忆力，增加游戏的乐趣。

3.结束部分：通过音乐引导幼儿放松身心，收放体育器材

①播放舒缓的音乐，教师带幼儿进行身体放松。

②教师进行小结，并带领幼儿养成良好的整理习惯，收放器材。

分析：

通过轻音乐舒缓身体活动，教师注重引导幼儿进行下肢肌肉的放松。通过共同整理器材，从小培养幼儿良好的整理习惯。

（六）家园共育

教师可引导家长在家中开展亲子游戏，如家长可利用身体搭建山洞，并根据孩子的能力，逐渐调整山洞的大小和高矮，开展钻类游戏。

（七）活动评析

1.创设生动有趣的游戏情境，做到玩中学

教师以"小鸡去动物乐园找朋友"为主线，通过角色扮演、游戏情境创设、儿歌辅助等方式，提升幼儿参加体育游戏的兴趣。在学习环节，借助儿歌讲解，形象地将规范动作予以示范，让幼儿容易领会动作要领；在练习环节，对经典游戏进行改编，为幼儿动作练习注入有效的润滑剂，促使幼儿在游戏中主动学习；

在巩固环节，增设跑和平衡动作，提升了任务难度，幼儿正面钻的新经验在三个环节中轻松获得，实现了在游戏中玩、在游戏中学。

2.关注体育活动中的运动量，做到科学有效

小班集体教学活动虽然只有15～20分钟，但是体育活动的运动量是应该关注的。本次活动钻的动作运动量不大，难以达到科学的运动量。教师在游戏"老鹰捉小鸡"环节，运用器材的组合，完成平衡、跑、钻等动作，科学有效地增加了运动量。

3.运用多种策略开展动作练习，做到重难点突破

小班幼儿练习钻过70厘米高的障碍物时，弯腰屈膝动作是难点。他们往往顾前不顾后（身体弯下去了，屁股却翘起来了），顾上不顾下（头低下了，腿不弯曲），并常常碰到障碍物，这些都是本次活动要解决的难点。本活动通过儿歌提示、动作示范、游戏情境、器材辅助暗示等策略引导幼儿掌握正面钻的动作，还关注了幼儿能力的差异性，提供了高度不一的拱门，注意了活动的层次性。

图3-1　小鸡找朋友

二、小猫钓鱼

（一）设计思路

《指南》指出，3～4岁幼儿能沿地面直线或较窄的低矮物体上走一段距离。活动通过创设"小猫钓鱼"的情境，帮助幼儿了解平衡走的动作要领，激发幼儿进行体育游戏的愿望。在自由探索、示范学习、情境游戏中学习平衡走的动作技能，锻炼幼儿的平衡能力及身体的控制力。通过情境创设，逐步调整动作练习密度和运动强度，让幼儿在自由、宽松、愉快的环境中玩耍、尝试、探索，进一步发展了幼儿的平衡、协调、灵敏等身体素质。

（二）活动目标

①乐于扮演小猫参与活动，体验与同伴共同游戏的快乐。

②在游戏中练习平衡走，锻炼身体的协调性和平衡能力，增强腿部力量。

③协调、灵敏地走过宽15厘米，高30厘米的独木桥。

（三）活动重难点

重点：练习平衡走，巩固钻、爬的基本动作。

难点：动作协调地走过一定宽度的独木桥，保持身体平衡，不从独木桥上掉下来。

（四）活动准备

1. 材料准备

①小猫头饰每人1个，小鱼若干，小桶人手1个；软垫3块，拱形门3个，不同宽窄的独木桥3条（15厘米、20厘米、25厘米）。

②热身及游戏音乐《学猫叫》，放松音乐《风中的蒲公英》。

2. 场地布置

场地1　　　　场地2

（五）活动过程

1. 开始部分：热身活动，激发兴趣

创设"小猫钓鱼"的游戏情境，幼儿扮演小猫，教师扮演猫妈妈。在音乐的伴奏下，教师念儿歌，引导幼儿做身体动作。（小猫小猫，喵喵喵；点点头，弯弯腰；小手打开，变飞机；伸出脚尖，踮着走）

分析：

通过情境导入、角色扮演、音乐烘托、语言互动等多种策略进行身体热身运动，调动幼儿对游戏的欲望。通过肢体变化，在动作编排中加入平衡走，为后续动作的学习提供经验铺垫。

2. 基本部分：通过游戏学习踮脚走，完成挑战

（1）通过走小路探究平衡走的动作

①创设游戏情境，明晰任务。

师："小猫们，你们想去钓鱼吗？通往池塘的路有一条长长的独木桥，很难走，

一不小心就会掉下去。小猫们一定要小心哦，不能从独木桥上掉下去。"

分析：

创设情境，明晰游戏任务，明确过独木桥的要求。

②教师示范平衡走动作要领。

教师示范讲解：小手起飞做翅膀，小眼睛看小路，小脚一步一下交叉往前走。

③自由选择宽窄不同的独木桥练习平衡走，教师巡回指导。

根据游戏情况，请1名或2名幼儿做示范，教师关注平衡走的动作要领。

分析：

通过师幼动作示范，引导幼儿观察模仿学习平衡走的动作要领。

（2）游戏：小猫钓鱼，创设情境巩固平衡动作，游戏进行2～3次

游戏玩法：幼儿分成3队，每队从第一人到最后一人依次出发，爬过草地，钻过山洞，走独木桥，到池塘拿一条"鱼"后从旁边跑回，把"鱼"放到篮子里，排在队伍后面继续游戏（图3-2）。

游戏规则：每次只能拿一条鱼。例如，从独木桥上掉下，则要从掉下的地方走上桥继续游戏。

分析：

教师运用器材创设三个层次的小路，为幼儿提供多种选择，关注幼儿个体差异及整体发展。游戏中增加爬与钻的动作，防止单一动作长时间练习，缓解紧张的平衡走练习，增强游戏趣味，也增加运动量。

3.结束部分：在轻快的音乐中放松身体，享用劳动成果

①通过音乐引导幼儿放松身心，坐在场地上和同伴一起"吃鱼"，享用劳动成果，体验运动成功后的快乐。

②教师小结，并带领幼儿养成良好的整理习惯，收放器材。

分析：

在教师的引导下通过轻缓音乐、游戏情境进行肢体放松，并有针对性地舒缓身体局部肌肉。

（六）家园共育

教师引导家长在家中运用废旧的床单和幼儿开展室内平衡游戏，还可利用社区资源，如小区里的花坛边缘、长椅子等开展亲子走平衡游戏。

（七）活动评析

1.角色符合幼儿年龄特点，任务目标明确

幼儿天生就喜欢各种动物，特别是3～4岁幼儿喜欢模仿小动物的动作和叫

声。本活动以小猫钓鱼为主线，从钓鱼到吃鱼，串起整个学、练、玩的游戏过程，任务明确。

2.儿歌直观表述动作要领，利于幼儿学习

形象的儿歌显示了动作要领，符合幼儿直观形象学习的年龄特点，让幼儿的学习变得有趣、有效。

3.材料组合游戏促进动作学习，提升身体素质

幼儿运动的核心目标是提升幼儿身体素质。《学前儿童健康学习与发展核心经验》指出，按照运动状态变化平衡能力又分成静态平衡和动态平衡。在游戏中，模仿教师与同伴的动作，学习运用肢体来控制动态平衡，并在游戏中通过四肢着地爬、正面钻、平衡走等动作，进一步促进身体的协调性和灵敏性。

图 3-2　小猫钓鱼

三、勇敢的小兔

（一）设计思路

《指南》指出，3～4岁幼儿能身体平稳地双脚连续向前跳。小班幼儿对小白兔和大灰狼两个角色非常感兴趣，因此我们创设了勇敢的小兔前往蘑菇山采蘑菇的游戏情境，既符合幼儿的心理喜好，又发展了幼儿的动作。同时，用不同颜色的海洋球代替彩色蘑菇，将科学活动中的分类融入其中，实现领域整合。

（二）活动目标

①喜欢扮演兔子参加体育活动，体验游戏的快乐。

②在游戏中锻炼腿部肌肉，增强四肢协调能力及动作的灵敏性。

③练习双脚连续向前跳跃，能双脚向前跳过宽20～25厘米的障碍。

（三）活动重难点

重点：双脚连续跳跃，保持身体平衡。

难点：双脚连续向前跳跃，并能向前跳过宽 20～25 厘米的障碍。

（四）活动准备

经验准备：幼儿有双脚原地向上跳及双脚向前行进跳的经验。

材料准备：①海洋球若干、敏捷圈 18 个、独木桥 3 个、拱门 3 个；②热身与游戏音乐《兔子跳跳跳》，放松音乐《风中的蒲公英》。

场地布置：

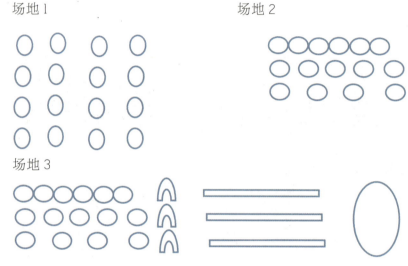

（五）活动过程

1. 开始部分：扮演角色，营造游戏情境，活动身体

扮演小兔子听音乐一起活动身体各关节和肌肉。

引导语：兔宝宝，跟着兔爸爸一起来运动吧。

分析：

通过角色扮演和语言互动，使幼儿进入角色，跟随音乐进行小兔热身运动，在热身动作中加入双脚跳，为后续动作的学习提供经验铺垫。

2. 基本部分：通过不同路径练习双脚跳

（1）扮演角色，用彩色圈来练习双脚跳

①创设游戏情境，观察幼儿已有经验。

引导语：兔宝宝，今天我们要去蘑菇山采很多蘑菇回来储存，到了冬天我们才有食物吃。通往森林的路有很多障碍和陷阱。兔爸爸现在来选勇敢的小兔子了，看谁能从圈里跳出来，而且跳得最远。

②学习双脚并拢向前跳。

教师讲解示范动作要领：小手摆一摆，小脚打打气，1、2、3跳。

同伴示范进一步引导学习跳的动作：双脚用力蹬地，双臂向上摆，在空中保持身体平衡，落地时屈膝弯腰。

分析：

描述情境激发幼儿尝试和练习双脚跳，形象生动的语言把动作与儿歌有效地结合，使幼儿直观地掌握双脚跳的动作要领。

③自主选择路线练习双脚连续跳，教师巡回指导。

路线设置：运用敏捷圈设置三条不同路线，每条长约5米。第一条路线将每个敏捷圈挨着摆放；第二条路线将每个敏捷圈间距15厘米摆放；第三条路线将每个敏捷圈间距25厘米摆放。

游戏玩法：自主选择不同路线游戏，听到"大灰狼"来了则站在原地不动，大灰狼走了再继续往前跳。

分析：

运用敏捷圈组合，铺设三个层次的路线，关注幼儿个体差异及整体发展。双脚连续跳属于高强度、高密度的练习，游戏中加入"大灰狼"的角色，有效地加强了对运动量的调控。

（2）游戏：勇敢的小兔采蘑菇

路线设置：设置三条路线，每条路线后面摆放1个拱门、1根平衡木。

第一条路线6个敏捷圈挨着摆放；第二条路线5个敏捷圈每个间距20厘米摆放；第三条路线4个敏捷圈间距30厘米摆放。

游戏玩法：幼儿分成3队，每次每队派出一人前往蘑菇山采蘑菇，双脚连续跳过敏捷圈，钻山洞，走过独木桥，采一个蘑菇后从旁边跑回，把蘑菇放到相同颜色的篮子里，然后回到队伍后面继续游戏。

游戏规则：每次只能采一个蘑菇，蘑菇必须放进相同颜色的篮子里，游戏中听到大灰狼的叫声，马上不动变成"木头人"，听到大灰狼走了，继续游戏，反复游戏2~3次。

分析：

游戏中通过角色互动完成任务挑战。活动中增设钻和平衡走的动作练习，以及"木头人"的游戏，缓解了高强度、高频次的双脚连续跳，有效地促进了幼儿身体机能的和谐发展。

3. 结束部分：听音乐《风中的蒲公英》进行身心放松

①听音乐放松身体，特别是腿部肌肉（如伸伸腿、弯弯腰、捶捶腿、拍拍腿

等动作）。

②整理器材，结束活动。

分析：

在轻音乐的舒缓下，以游戏的形式，并有针对性地拉伸、放松下肢肌肉。

（六）家园共育

家长在家可利用废旧的枕头当作障碍，与幼儿开展双脚跳障碍的游戏，也可以双脚夹住枕头往前跳。家长同时可以利用自己的身体做障碍，开展亲子跳的游戏。

（七）活动评析

1.游戏情境贯穿始末，在角色中有趣地学

教师以"蘑菇山采蘑菇"为主线创设体育游戏情境。在开始部分，以角色扮演进行运动前的身心准备。在活动环节，加入"大灰狼"角色，为枯燥的练习增添游戏的趣味。以三个层次的路径创设有趣的"小兔采蘑菇"游戏，在愉快的氛围中巩固跳的动作，避免枯燥的纯动作练习，也注重了个体差异，为幼儿提供了一个舒适有趣的锻炼环境。

2.教学策略适宜有趣，有效地掌握动作要领

第一，角色本身体现动作特点。第二，趣味儿歌蕴含动作要领。第三，教师示范，尊重幼儿模仿学习的特点。

3.领域之间有效融合，实现脑体双优发展

在体育活动中，注重幼儿身体发展的同时，也要关注幼儿智力的发展。在游戏中，巧妙地通过辅材"海洋球"代替蘑菇，并运用海洋球的颜色来增加游戏任务，引导幼儿进行色彩分类，有效结合科学活动的内容，促进幼儿智力的发展，实现运动与智力的协同发展。

扫码观看《小班集体体育教学活动："勇敢的小兔"》

第二节　中班集体体育教学活动案例及分析

一、农夫果园

（一）设计思路

中班的幼儿已具备跑的前期经验，四肢力量和身体控制能力不断增强，但动作敏捷性、身体的协调性还有待提高。为了帮助幼儿掌握绕障碍跑的关键经验，锻炼幼儿身体协调能力，培养其团队合作能力，教师结合主题"多彩的秋天"，借助"农夫果园"的情境创设开展了采摘活动。活动的目的是让幼儿熟悉跑的动作要领，学习绕障碍跑，提高其身体的灵活性和协调性。例如，如何动作自然、快速有力地蹬地；如何双手自然前后摆动，手脚配合协调和保持身体平衡；如何接近障碍物时能自然调节方向和身体的幅度。教师通过自主探索、榜样示范、自由挑战、接力赛跑等活动形式，激发幼儿不断探索和练习绕障碍跑，引导幼儿在活动中体验团队合作的愉悦。

（二）活动目标

①感受游戏的快乐，并懂得同伴之间团结协作才能取得胜利的道理。

②在游戏中，提升动作的敏捷性和身体的协调性。

③能较好地遵守游戏规则，练习障碍跑并能绕过多个"S"形路线。

（三）活动重难点

重点：练习绕多个"S"路线障碍跑，不漏跑，提升动作的敏捷性和身体的协调性。

难点：能较好地遵守游戏规则，并懂得同伴之间团结协作才能取得胜利。

（四）活动准备

1.材料准备

①标志桶15个，海绵垫3床，拱门3个，独木桥3个，大水果筐3个，海洋球若干，游戏路径设置为总长8米、每个器材之间间隔60厘米。②热身与游戏音乐《向快乐出发》，放松音乐《水果歌》。

2.场地布置

场地1　　　　　　　　　场地2

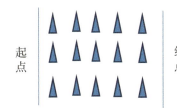
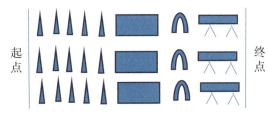

（五）活动过程

1. 开始部分：情境导入，播放音乐带领幼儿热身

创设"摘果子"的游戏情境，教师带领幼儿随音乐模仿摘果子、送果子等动作，从上肢、下肢身体部位进行全身热身活动。

师："秋天是个丰收的季节，我们一起来摘果子吧！（伸伸右手摘橘子、弯下身体轻轻放，伸伸左手摘苹果、满筐水果送回家）。"

分析：

通过情境游戏，结合趣味儿歌进行热身活动，激发幼儿参与游戏的兴趣，为后续游戏做好铺垫。

2. 基本部分：通过情境游戏学习绕障碍跑

（1）开展"运输游戏"，练习绕障碍物跑

①设立 4 条路线，每条约 10 米；起点到终点之间设有五个小山包（标志桶）；幼儿从起点出发，绕过小山包，再跑回来。

师："秋天是丰收的季节，农民伯伯想请汽车运输队来帮忙运水果，谁能驾驶汽车去运水果呢？让我们一起来练习一下开汽车的本领。"

分析：

通过"运输游戏"激发幼儿练习绕障碍物跑的兴趣，让幼儿在运输过程中主动绕过障碍，体验成功的乐趣。

②排队练习绕障碍物跑，教师观察及示范，并邀请个别幼儿示范。

讲解示范动作要领：双手自然前后摆动，双腿快速有力蹬地，抬头目视前方，手脚配合协调并保持身体平衡，快到障碍物时，运用脚的步伐和身体幅度自然调节方向，绕过障碍物。

分析：

通过示范动作要领与邀请个别幼儿示范的方式，既引导了幼儿开展模仿绕障碍物跑的活动，又利用了幼儿对游戏的兴趣促进了其学习绕障碍物跑的动作要领。

③开展绕障碍物游戏 3~5 次，教师进行个别指导。

分析：

教师通过语言引导，明确练习任务，提出要求。通过身体示范和语言讲解，直观形象地展示"绕障碍物跑"的动作要领。在这个环节中，让幼儿观察在绕障碍物、转弯等关键点的身体动作，使幼儿能更好地掌握绕障碍物跑的方法。通过教师的示范和幼儿的榜样示范，引导幼儿观察、模仿、学习绕障碍物跑的动作要领，使幼儿有效地掌握绕过多个障碍物跑的动作。

（2）游戏：运水果，巩固绕障碍物跑的动作

①游戏玩法：幼儿分4队，每次每队出发1人，绕障碍物、爬草地、钻山洞、过独木桥到达果园，拿到水果后从旁边返回，将水果放到自己队伍的果篮里，排在队伍最后继续游戏（图3-3）。

游戏规则：在运水果的时候，必须绕过每座山包，且每次只能运输一个水果。

②反复进行运水果游戏3～4次，并引导小组统计水果数量。

分析：

运水果游戏是四组同时比赛，先运输完水果的小组胜利。幼儿能体验成功的快乐。每次游戏结束后，师幼进行简单的小结，为接下来的游戏提供经验。

3. 结束部分：听音乐以游戏"水果沙拉"进行身体放松

（1）播放音乐《水果歌》，教师带幼儿放松身体

师：农民伯伯请大家吃"水果沙拉"，每名幼儿找到一位同伴，洗水果（搓搓手），切水果（手臂、腿部放松），搅拌沙拉（全身捏一捏放松），品尝沙拉（深呼吸）。

（2）教师小结，带领幼儿收放器材，养成良好的整理习惯

分析：

结束部分的放松活动以"水果沙拉"的形式开展。幼儿一直保持着积极参与的兴趣，这也是体育活动的最终目的，即身心愉悦地进行运动游戏。

（六）家园共育

家长在利用椅子或者身体与幼儿开展绕障碍物跑的游戏时，可以进行亲子互动，家长投球、幼儿躲球的游戏促进了幼儿身体敏捷性和协调性的发展。

（七）活动评析

1. 巧妙创设游戏情境，有效突破重难点

此次活动的重难点是，学习绕障碍物跑，提高动作的敏捷性和身体的协调性，引导幼儿较好地遵守游戏规则，并懂得同伴之间要团结协作才能取得胜利。因此，在活动过程中，教师聚焦幼儿好动，但协调性不强的特点，运用"运水果"、排队跑等多种游戏方式，鼓励幼儿连续绕过多重障碍。在体验中，幼儿逐渐提升了自己的反应能力、身体的协调性及身体平衡能力等，培养了不断克服困难的坚强意志，树立了自信心。三个环节巧妙创设了摘水果、运水果、洗水果的游戏情境，让幼儿乐在体验中、乐在锻炼中，以此有效突破重难点。

2. 合理设置障碍跑路线，科学缓解运动强度

整个活动主要以跑为主，幼儿在游戏中运动强度较大。为缓解幼儿运动强度，

增强幼儿积极参与绕障碍物跑的动作练习，教师在游戏设置环节加入辅助器材，爬过草地（海绵垫），钻过山洞（拱门），走过独木桥（平衡木）等来缓冲幼儿持续绕障碍物跑的强度，科学缓减了运动强度，更好地促使幼儿保持参与游戏的持久性。

图 3-3　农夫果园

二、摘橘子

（一）设计思路

向上跳是幼儿喜爱的一类活动，教师据此创设帮农民伯伯摘橘子的生活情境，通过自由探索、同伴示范、自主练习、情境创设等方法让幼儿模仿"摘橘子"，练习双脚向上纵跳触物的动作，提高身体的协调性和灵活性，并根据幼儿个体的差异，灵活地调整触摸物的高度，使每个幼儿能在原有的基础上得到发展，引导幼儿更熟练地掌握双脚向上跳的动作，同时让幼儿挑战自我，体验游戏成功的快乐。

（二）活动目标

①在游戏中体验劳动的快乐和丰收的喜悦。

②遵守游戏规则，在游戏中锻炼腿部肌肉的力量和弹跳力。

③练习向上纵跳触物，在纵跳过程中保持身体的平衡。

（三）活动重难点

重点：学习向上纵跳触物的基本动作。

难点：能向上纵跳一定高度（脚尖离地 15～20 厘米）摘果子。

（四）活动准备

1. 材料准备

①橘子卡片若干，绳子一根，果篮 4 个，独木桥 4 根，海绵垫 4 块（悬吊物

高度设置：幼儿向上伸直手臂，指尖离接触物15～20厘米左右的高度）。②热身音乐《摘果子》，放松音乐《优美的小调》。

2.场地布置

（五）活动过程

1.开始部分：情境导入，听音乐《摘果子》进行热身运动

师："秋天到了，农民伯伯果园里的橘子熟了，请我们去摘橘子，大家准备好了吗？让我们一起活动一下身体（伸伸手、摘橘子、跳起来、摘更多）。"

分析：

在开始阶段，教师营造"摘橘子"的氛围，创设"摘橘子"游戏情境，利用趣味儿歌，进行纵跳触物的动作铺垫。

2.基本部分：用不同的高度练习向上纵跳

（1）自由练习，鼓励幼儿在空旷的场地上原地练习纵跳

师："小朋友们，树上结的橘子有高有矮，怎么才能摘得到呢？我们一起去练习向上纵跳的本领吧。"

①在场地上自由练习向上纵跳，教师巡回观察。

分析：

教师采用提问的方式，用问题引出幼儿的好奇心，引导幼儿开展纵跳运动，鼓励幼儿自由探索向上纵跳触物的方法。

②请个别幼儿示范向上纵跳的动作，教师再进行动作要领的讲解和示范。

教师讲解示范动作要领：屈膝弯腰，手放两侧，双腿用力蹬地向上跳，双手向上抬举。

分析：

幼儿自由探索，教师观察幼儿的练习情况，让幼儿在前，教师在后，邀请动作规范的幼儿进行向上纵跳的动作示范，并且鼓励同伴互相观察模仿。随后，教师讲解动作要领，示范标准动作，为幼儿熟悉动作要领打下良好的基础。

（2）设置不同高度的绳子，练习向上纵跳触物

师："小朋友，刚刚发现大家都能跳很高，请大家来挑战一下，看谁能摸到空中的绳子，摸到绳子，就可以去农民伯伯果园里摘橘子了。"

①两名教师将绳子拉起举过头顶，根据幼儿的能力调整绳子高度。

②幼儿在起点排成两队，每次每队出发一人，从起点跑到绳子下纵跳摸绳子。

分析：

这个环节的活动很有针对性，教师利用活动的绳子，灵活调整高度和挑战的难度，巧妙地鼓励了幼儿参与游戏的积极性，让幼儿体验成功的喜悦。

（3）游戏：摘橘子，自主选择摘不同高度的橘子

①游戏玩法：幼儿在起点排成4队，每次每队出发一人，爬过草地，走过独木桥，来到绳子下纵跳摘一个橘子，并从旁边返回将橘子放在篮子里，然后排队继续游戏。

游戏规则：排队摘橘子，一次只能摘一个，可自己选择不同数量的绳子。

②幼儿反复进行摘橘子游戏3～4次，引导幼儿小组统计橘子数量。

分析：

"摘橘子"比赛结束后，教师指导幼儿以小组为单位进行数量统计，整合了科学领域，让幼儿在锻炼身体、愉悦心灵的同时，动静结合，培养专注力和逻辑思维能力。

3. 结束部分：跟随音乐，放松运动

①播放舒缓的放松音乐，师幼一起进行身心放松，重点放松腿部肌肉。

②整理器材，结束活动。

分析：

引导幼儿放松身心，根据活动特点重点放松腿部肌肉。活动后，引导幼儿自主整理器材，培养其整理习惯。

（六）家园共育

①请家长利用家里的家具、柱子等，悬挂不同高度的气球与幼儿进行拍气球的互动游戏，让幼儿练习向上纵跳触物的动作。

②家长可利用生活中的大树、广告牌等物体，和幼儿一起开展向上纵跳触物的互动游戏，同时注意监护幼儿的运动安全。

（七）活动评析

1. 关注个体差异，让每位幼儿获得成功的体验

根据幼儿能力的差异，调整绳子的高度，悬挂不同高度的"橘子"，让每位幼儿在原有基础上逐步挑战自我，获得成功的快乐。

2. 整合游戏器材，让游戏丰富并充满趣味

单纯的摘"橘子"会有点枯燥，为了增加游戏趣味性，

扫码观看《中班集体体育教学活动："摘橘子"》

并让幼儿全身得到锻炼，整合了海绵垫、独木桥，不仅让摘"橘子"的游戏变得更有趣味，也融进了爬和平衡动作，让身体锻炼变得更加丰富。

三、打秋枣

（一）设计思路

《指南》明确指出，4～5岁幼儿能连续自抛自接球。本活动，教师结合中班主题"多彩的秋天"，根据幼儿年龄特点设计了"打秋枣"活动。旨在通过游戏情境帮助幼儿掌握自抛自接的动作，增强手臂力量和手眼协调能力，以及身体的灵敏性。在不断的尝试中，抛接物由大到小，由易到难，动态的活动场地增加了游戏的趣味性，让幼儿快乐地参与运动，体验成功的愉悦。

（二）活动目标

①开心快乐地参与体育游戏，感受秋收的乐趣。

②在游戏中，锻炼手臂力量，提高其手眼协调能力和身体的灵敏度。

③学习双手向上抛接物体，并能基本接住物体。

（三）活动重难点

重点：锻炼手臂力量，提高手眼协调能力和身体的灵敏度。

难点：学习双手向上抛接物体，并能基本接住物体。

（四）活动准备

1.材料准备

①沙包人手1个，报纸球人手1个，皮球人手1个；②热身及游戏音乐《好嗨哟》、放松音乐《雪绒花》。

2.场地布置

空旷无障碍的操场。

（五）活动过程

1.开始部分：师幼随欢快的音乐热身，活动头颈、四肢、躯干等身体部位

师："小朋友们，秋天到了，枣子熟了，我们一起打枣子去吧。打枣子前，我们需要练好抛接本领，才能打树上的枣子并接住枣子。"

分析：

教师通过语言引导，创设秋收的游戏情境，让幼儿沉浸在欢快的热身活动中，激发幼儿参与活动的兴趣。

2. 基本部分：在不同场地练习双手抛接物体

（1）基本练习，运用小皮球进行双手抛接练习

师：小朋友们，请大家一个接一个地坐上我的火车，我们一起出发前往1号场地练习打枣子的本领。欢迎大家来到1号场地，每人拿一个打枣子的工具（皮球），试一试打枣子。

①用皮球自由探索打枣子的本领，教师巡回观察。

②请出个别幼儿示范双手抛接皮球动作，教师讲解、示范动作要领。

动作要领：双手手掌抓住球，双脚打开屈膝弯腰，双眼看球，双手上下摆动，轻轻向上抛出篮球，双脚、双手移动并快速接住球。

分析：

通过自主练习抛接动作，有效激发了幼儿主动探索抛接方法的兴趣；运用各种动作活动身体各关节和肌肉，并让幼儿直观形象地通过教师、同伴的高级榜样学习，感知抛接球的动作要领。

（2）扩展练习，运用报纸球进行双手抛接练习

师："刚刚大家已经能用第一个工具打枣子了，请你们坐上火车，我们一起出发前往2号场地练习打枣子的本领。欢迎大家来到2号场地，每人拿一个打枣子的工具（报纸球），用我们已经练好的本领来试一试。"

幼儿运用报纸球进行抛接练习。教师巡回观察，并请幼儿示范动作。

分析：

教师进一步进行拓展练习，通过调整抛接物的大小，将皮球换成报纸球，增加练习难度，锻炼幼儿的手眼协调能力。

（3）深度练习，运用沙包进行双手抛接练习

师："我们已经会使用两种打枣子的工具了，请大家再次坐上火车，我们一起出发前往3号场地练习。欢迎大家来到3号场地，每人拿一个打枣子的工具（沙包），练习打枣子的本领。"

①运用沙包进行抛接练习，教师巡回观察。

②师幼一同练习。

分析：

此次换成沙包对幼儿来说是一个不小的挑战。教师通过调整抛接物的大小层层递减，使抛接物更小，增加了挑战的难度。

（4）游戏"打秋枣"，巩固自抛自接的动作

①游戏玩法与规则：教师与幼儿四散站好，听口令打枣子，当听到"打枣子了"，幼儿快速将工具（沙包）抛出，并用双手接住枣子（沙包）。

②反复进行"打秋枣"游戏3～5次，并引导幼儿记录自己接住了几颗枣。

分析：

在经过了基本练习、扩展练习和深度练习后，幼儿累积前几次的游戏经验，最后通过"打秋枣"的游戏情境，有效掌握自抛自接的动作，并尝试用数量记录自己的收获。

3.结束部分：听音乐放松身体，整理器材

（1）随舒缓的音乐做放松运动，重点放松手臂

幼儿面对面两排站立，做拍拍手臂、捏捏手臂、拍拍手掌、两两互助拉拉手等放松动作。

（2）整理材料，结束活动。

分析：

引导幼儿在音乐中放松身体，结合活动情况，放松上肢及头颈。

（六）家园共育

请家长利用家里的抱枕，和孩子一起进行亲子游戏"看谁抛得高，接得准"，进一步帮助幼儿巩固向上抛接的基本动作。

（七）活动评析

1.抛接物由大到小，层层深入开展游戏

本次活动结合主题"多彩的秋天"，根据中班幼儿的年龄特点，选择贴近幼儿生活经验的"打秋枣"游戏（图3-4），学习自抛自接的动作，科学合理设计本次活动。通过讲解示范动作要领，运用皮球、报纸球、沙包等道具，目标物由大到小，活动由易到难，层层深入学习自抛自接的动作技能。

2.身体由原位到移动，促进手眼协调发展

此次体育活动一直处于抛和接的动作交换中，通过教师语言引导"打枣子了"和场地的更换，根据向上抛出物体的位置，快速移动身体，有效地调控了幼儿的运动量，促进了幼儿手眼协调能力和身体灵活性的发展，有效地达成了活动目标。

图3-4　打秋枣

第三节 大班集体体育教学活动案例及分析

一、空中索道

（一）设计思路

在日常体育活动中，幼儿园悬吊类体育游戏具有组织难度大、会玩的幼儿不多等特点，因此此项运动开展较少。但事实上，此项运动不可或缺。《指南》指出，大班幼儿能双手抓杆悬吊 20 秒左右。本活动在幼儿已具备双手抓杆悬吊的前期经验的前提下，从锻炼幼儿手臂肌肉力量和身体的协调性出发，以"小勇士"练本领、"高空索道"等游戏，把枯燥的悬吊动作融合在情境中，提高幼儿参与悬吊游戏的兴趣。同时，还通过教师讲解、示范，同伴动作示范等方法引导幼儿学习悬吊动作，给予幼儿自由探索悬吊的时间，设置不同难度的游戏任务，由易到难锻炼幼儿的上肢力量，促进幼儿身体动作协调性的发展。

（二）活动目标

①快乐地进行体育游戏，积极地参加挑战，勇敢地战胜困难和恐惧。

②增强四肢大肌肉力量，提高身体协调性及耐力。

③能坚持悬吊 20 秒，并能四肢抱杆悬吊向前移动。

（三）活动重难点

重点：增强手脚大肌肉的力量，增强身体的协调性及耐力。

难点：能坚持悬吊 20 秒，并能四肢抱杆悬吊向前移动。

（四）活动准备

1. 材料准备

①舞蹈压腿架 6 个、钢管 3 个、A 字架 2 个、绳子 1 根、垫子 7 床、大龙球 1 个。

②热身音乐《骑马舞》、游戏音乐《加勒比海盗》、放松音乐《大自然》。

2. 场地布置

"〕"代表舞蹈压腿架，"▭"代表垫子，"⋀"代表 A 字架，"——"代表绳子。

场地 1

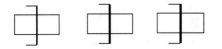

场地 2

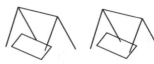

场地3

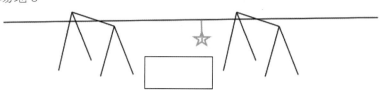

（五）活动过程

1. 开始部分：听音乐，扮演勇士骑马进行热身游戏

师："小勇士们，请你们骑上战马一起去战胜一切困难和恐惧，学好骑马动作。"

分析：

创设情境，让幼儿扮演小勇士，模仿小勇士的角色，随音乐热身，激发其游戏兴趣。运用精练的语言不断调整热身氛围，音乐与口令融合，从大肌肉群到小肌肉群，从上到下，在音乐中活动身体。

2. 基本部分：探究并学习悬吊基本动作，完成坚持悬吊20秒及四肢抱杆悬吊的任务

（1）分组自由探索快速通过栅栏

师："请小勇士选择红、黄、蓝队排好队，每次每队只能出发一人，等前面的小勇士通过了栅栏，下一个才能出发，通过栅栏的小勇士从两边返回，继续选择不同的方式挑战。"

①教师讲解示范动作要领：双手手掌按住杆子，手臂屈肘，双腿屈膝，双手用力撑起，双腿起跳，扭转身体，双脚从身体一侧跳过杆子，双脚脚掌落地。

分析：

通过角色扮演"小勇士"过栅栏和教师的语言引导，激发幼儿探索悬吊动作要领，巧妙地将动作学习融入游戏中。

②请幼儿示范，同伴观察学习。

师："刚刚我发现有一位小勇士通过栅栏的速度非常快，而且很厉害，我们请他来表演。"

分析：

通过同伴的榜样示范，有效促进幼儿的自主学习。

（2）分组练习手脚抱杆悬吊

①幼儿示范练习手脚抱杆悬吊10秒。

讲解示范动作要领：先双手抱杆，再用双脚抱杆，屁股不能碰到地面，身体悬吊10秒钟，然后双脚放开杆，再双手放开，站起来。

分析：

教师运用语言讲解、标准动作示范等方式，引导幼儿观察、模仿、练习手脚抱杆悬吊的动作要领，并鼓励幼儿大胆活动，克服畏惧心理。

②分组练习手脚抱杆悬吊，教师提醒动作要领，巡回指导。

游戏方法：幼儿选择红队、黄队、蓝队排好队，每次每队出发一人，前面幼儿挑战完后，下一个才能出发，并返回队伍排在最后，给挑战的同伴倒计时 10、9、8、7、6、5、4、3、2、1。

分析：

通过游戏挑战，幼儿巩固手脚抱杆悬吊动作的练习，并通过同伴鼓励，完成挑战。

（3）分组练习双手抓杆悬吊

①幼儿示范练习双手抓杆悬吊 20 秒。

动作要领：双手抓住杆子，双脚并拢，坚持 20 秒钟后双手松开，双脚脚掌着地，并屈膝弯腰进行缓冲。

②分组练习双手抓杆悬吊，教师辅助幼儿起跳并双手抓杆。

游戏玩法：幼儿自主挑战悬吊 20 秒，同伴倒计时。

分析：

难度升级，从前一次游戏挑战的 10 秒时间，增加到悬吊 20 秒时间挑战。在这过程中一步步提升幼儿的悬吊能力。

（4）挑战游戏：高空索道

游戏玩法：幼儿分成三组，并由教师带队，绳子穿在两个三脚架上，两组幼儿分别站在两边与教师一起用力拉绳子，一组站在绳子中间，逐个挑战，手脚悬吊爬绳索，看谁能爬到终点，拍响铃铛。

游戏规则：三组轮流进行悬吊爬绳，教师讲解爬绳的动作要领，一只手在前一只手在后，抓住绳子；一只脚在前一只脚在后，勾住绳子，先移动手，再移动脚；拍响铃铛后，先松脚，再松手，双脚着地后屈膝弯腰缓冲落地。

教师指导：小勇士空中爬绳子，坚持不住时，请大声寻求帮助，教师帮助幼儿完成任务。

分析：

通过"高空索道"游戏，挑战手脚悬吊爬绳索，在第二次游戏的基础上增加身体悬吊向前移动的动作，加大游戏的挑战难度，鼓励幼儿挑战自我，让其获得成功的体验。

3.结束游戏：听音乐进行按摩放松，整理器材

①听音乐深呼吸，进行手部放松。

②幼儿排成一排躺在垫子上，教师用颗粒大龙球对幼儿进行全身按摩。

③师幼一起整理器材。

分析：

通过轻音乐舒缓身心，跟着节奏以游戏的形式放松身体，重点放松手部肌肉，在教师语言的引导下，根据幼儿的运动强度和运动量进行全身按摩。

（六）家园共育

请家长利用家里的门框、小区内的运动器材等，引导幼儿继续进行双手抓杆悬空吊的练习，同时还要注意监护幼儿在运动中的安全。

（七）活动评析

1. 开展骑马舞热身活动，营造浓烈的游戏氛围

活动的热身环节以节奏欢快、伴随富有童趣的《骑马舞》为背景音乐，激发幼儿参与活动的兴趣，活动一开始就创设了一种轻松活泼、生动有趣的氛围，使幼儿精神愉快，提高了幼儿对本次体育活动的兴趣，并自然而然地过渡到特设的游戏情境中，让幼儿积极探索、学习悬吊的动作要领。

2. 活动设计层层递进，巧妙突破活动的重难点

设计活动时，教师首先想到的是使本次活动充分体现出愉快、轻松的特点，通过设计由易到难、层层递进的游戏环节，锻炼幼儿的手臂力量，培养其动作的协调性和灵活性。在此过程中尽可能多地实现幼儿的自主学习，把主动权交给幼儿，先观察后尝试。让幼儿自由探索、挑战，在教师的讲解、示范和启发下自己观察、总结出动作要领后，再次练习。教师在这个过程中以自己欢快的情绪、鼓励的语言去感染每一位幼儿，带动幼儿积极参与游戏，融在群体中，不做旁观者，并由同伴互相鼓励。最后，采用分组比赛的形式，巩固练习本次活动所要突破的重难点，在欢快的音乐中结束，形成首尾呼应。

3. 注重开展合作游戏，增强幼儿的集体意识

"高空索道"游戏（图3-5）是群体性的活动，在走"高空索道"的过程中，幼儿心里是有些害怕的，要想顺利完成游戏，就必须相互帮助、相互鼓励。在这一过程中，成功的喜悦与幸福，失败的沮丧与痛苦，丰富了幼儿的情感体验，也进一步增进了幼儿之间的情感交流，促进了其人际关系，使幼儿能更好了解自己、了解自己在集体中的作用，促进了幼儿社会性的发展。与此同时，辅助物铃铛的运用，提高了活动的兴趣。

图 3-5 高空索道

二、小小快递员

（一）设计思路

《指南》指出，5～6 岁幼儿能单脚连续向前跳 8 米左右。幼儿在单、双脚交替跳的游戏过程中容易出现两脚相碰摔倒的现象。结合大班幼儿年龄特点，以单、双数为线索，通过"送书"这一故事情境与民间体育游戏"跳房子"有机结合，让幼儿在自由、宽松、愉快的环境中游戏，掌握单、双脚按数字行进跳的规律，进一步发展幼儿身体的协调能力。

（二）活动目标

①乐意参加单、双脚交替跳的游戏，体验探索多种方法进行跳的乐趣。

②在单脚跳、双脚跳中锻炼腿部力量、身体协调性和平衡能力。

③能按数字规律进行单脚跳或双脚跳。

（三）活动重难点

重点：学习单脚跳和双脚跳，保持身体平衡。

难点：能按数字的规律单脚跳或双脚跳。

（四）活动准备

1. 经验准备

能理解单双数及 1～10 的顺数、倒数，会单脚跳、双脚跳。

2. 材料准备

①图书若干本，粉笔 3 根，独木桥 3 座。②游戏音乐《小背篓》，放松音乐《花想曲》。

3. 场地布置

场地 1

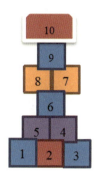

场地 2

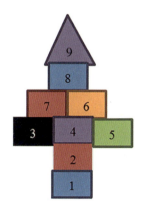

场地 3

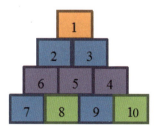

场地 4

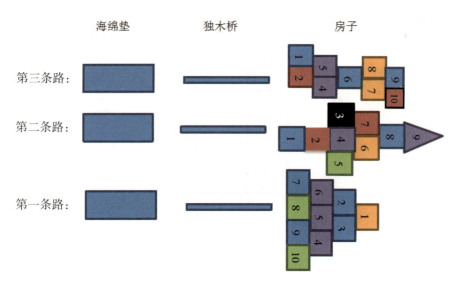

（五）活动过程

1.开始部分：情境导入游戏，听口令找朋友进行热身运动

师："在贫困山区的幼儿园有很多小朋友缺少图书，需要快递员去给小朋友送书，我们先来找自己的朋友当快递员，练习行走山路的本领吧。"

热身游戏："找朋友"。教师说出数字，幼儿根据数字找对应的人数，围成一圈，反复进行 3～4 次。

分析：

布置游戏任务，激发幼儿参与游戏的欲望。热身游戏形式有趣，巧妙地运用数字找朋友，不仅能活动身体的关节，还为接下来根据单双数进行单双脚跳打下了基础。

2.基本部分：理解单双数，练习单脚、双脚跳

（1）通过角色扮演，根据单双数练习单脚、双脚跳的动作

①讲述游戏玩法，明确游戏要求。

游戏玩法：幼儿观察地面房子的图形和数字，练习单脚、双脚跳。先根据单数来练习单脚跳，再根据双数来练习双脚跳，最后根据单双数练习单双脚交替跳。

分析：

根据幼儿的已有经验，说明游戏内容，明确游戏要求。

②教师示范讲解动作要领，幼儿自主练习。

动作要领：单脚跳，一条腿，抬起来；一条腿，跳起来；小小手，向上提；双脚跳，两腿打开，打打气；两手前后，摆一摆；双脚用力蹬地跳。

③选择不同的房子，听口令（单双数）进行单脚跳、双脚跳和交替跳。

分析：

通过自由探索与口令提示，结合房子图形与数字，练习单脚或双脚跳，有效利用数学知识，增强幼儿反应的灵敏性。

（2）游戏："小小快递员"，巩固练习单、双脚跳

游戏玩法：幼儿分成3队，每次每队出发一人双手将书顶在头上走过独木桥、跳过房子到达山村将书放入筐中，从旁边返回，排在队伍后面继续游戏。

游戏规则：书不能从头顶上掉下来；第一条路用单脚跳，跳单数格子；第二条路用单、双脚交替跳；第三条路用双脚跳，跳双数格子；幼儿选不同的路反复游戏3~4次（图3-6）。

分析：

游戏不仅发展了幼儿的运动能力，还巩固了幼儿对单数与双数的认知，体现了脑力和体力相结合的特点。

3.结束部分：放松身体，整理书籍

①听音乐，放松身体特别是腿部肌肉（如伸伸腿、弯弯腰、捶捶腿、拍拍腿等动作）。

②整理器材，结束。

分析：

在音乐的伴奏下，通过语言的引导舒展肢体，有针对性地放松腿部。

（六）家园共育

请家长和幼儿一起利用家中和小区内的瓷砖地面玩"跳房子"的民间游戏。

（七）活动评析

1.领域间有效融合，提升体育游戏的挑战和乐趣

活动中幼儿需理解单数和双数概念，将数学与传统民间体育游戏"跳房子"相结合，利用数字与格子的关系，进行单脚跳或双脚跳，让两者有机融合，提升游戏挑战的趣味性。

2.动作趣味组合，调控体育活动的运动量

如果在练习环节中只以单脚跳、双脚跳为主，幼儿就会一直处于高强度、高密度的运动中，运动量较大。游戏环节加入平衡走的动作并与跳组合，缓冲了幼儿的运动量，有效缓解了幼儿腿部肌肉的疲劳状态，锻炼了幼儿的身体控制能力和平衡能力，促进了其身体协调性和灵敏度的发展。

图 3-6　小小快递员

三、超级飞侠

（一）设计思路

《超级飞侠》是一部正能量满满的儿童动漫，剧情里的人物都深受幼儿的喜爱。为此，教师根据《超级飞侠》设计了本次活动，主要通过"超级飞侠"角色前往不同场地进行走、跑、跨跳、攀爬、钻等动作的练习，在愉快的角色游戏中，促进幼儿身心健康发展。

（二）活动目标

①开心快乐地与同伴一起参加飞行游戏，感受团队合作的乐趣。
②在运动中促进手脚肌肉力量、身体协调性、灵敏性的发展。
③在游戏中练习走、助跑跨跳、攀爬、钻等动作。

（三）活动重难点

重点：通过游戏发展下肢和上肢的肌肉力量，练习走、跑、跨跳、攀爬、钻的动作。

难点：身体协调、灵敏地快速通过所有障碍物。

（四）活动准备

1. 材料准备

①S平衡木4条，4个不同高度的跨栏（30厘米、40厘米、50厘米、60厘米），4个不同高度的攀爬架（100厘米、120厘米、130厘米、140厘米），阳光隧道4个，海洋球N个，红黄蓝绿篮筐4个。②热身音乐《超级飞侠》，游戏音乐《加

勒比海盗》，放松音乐《仙境》。

2.场地布置

场地1：S独木桥　　　　　　　场地2：跨栏

场地3：攀爬架与阳光隧道　　　场地4：S独木桥、跨栏、攀爬架与阳光隧道

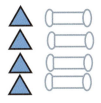

（五）活动过程

1.开始部分：听音乐，扮演超级飞侠进入热身游戏

师："超级飞侠在哪里？今天请你们练习飞行技术，帮我运送物资。"

分析：

通过角色扮演，明晰游戏任务。在音乐的伴奏下，营造游戏氛围。

2.基本部分：挑战障碍，练习走、助跑跨跳、攀爬、钻等动作

（1）分组自由探索，快速通过S独木桥

①练习平衡走S独木桥。

游戏方法：幼儿自主选择红、黄、蓝、绿队排好队，每次每队只出发一人，等前面的超级飞侠通过了S独木桥，下一个才能出发，通过S独木桥的超级飞侠从两边返回，在队伍最后排队，继续游戏。

②教师示范讲解动作要领后，幼儿分组游戏，教师巡回指导，并请个别幼儿示范平衡走的方法。

动作要领：小手变翅膀，上下摇一摇；小脚变轮胎，交叉往前走。

分析：

讲解游戏的玩法和规则，先尝试再提炼，师幼共同示范，有利于幼儿快速掌握动作要领。

（2）分组自由探索助跑跨跳过障碍

①练习助跑跨跳过障碍。

游戏方法：以"开飞机"情境，前往第二个训练场地，自主选择红、黄、蓝、绿队排好队，挑战助跑跨跳飞越障碍。

②教师示范、讲解动作要领。

动作要领：小小脚快速跑，小小手前后摆；遇到障碍，一只脚用力蹬地，一只脚向上抬，用力跨过去。

③分组游戏，教师巡回指导。

分析：

语言和动作的有效结合，直观形象地展示了"跨栏"的动作要领。在快速跨栏的过程中，运用"慢"动作，分解跨栏动作要领，有效促进了幼儿的观察模仿学习。

（3）分组练习攀爬，钻过障碍

①练习攀爬，钻过障碍。

游戏方法：以"开飞机"情境，前往第三个训练场地，自主选择红、黄、蓝、绿队排好队，挑战爬过山包，钻过山洞。

②分组游戏，教师巡回指导。

游戏玩法：从起点出发，快速跑向障碍物，手脚交替爬过攀爬架，手膝着地钻过阳光隧道。

分析：

攀爬动作难以讲解，教师巧妙地引导幼儿"变身"为蜘蛛，直观地演示攀爬动作，有利于幼儿快速掌握动作要领。

（4）游戏：运输物资，多动作组合挑战游戏难度

路径设置：运用S独木桥、跨栏、攀爬架、阳光隧道，设置4条由易到难的路径。

游戏玩法：幼儿分成红、黄、蓝、绿4队在起点排队，每次每队出发一人，走过独木桥、跨过障碍、爬过攀爬架、钻过山洞到达终点后拿到物资（海洋球）从旁边返回，将海洋球放进篮筐中，然后自主选择通道排队，继续游戏。

游戏规则：每次只能拿一个海洋球，下一名幼儿必须等前面同伴返回，才能出发。

分析：

将走、跨跳、攀爬、钻等多种动作组合，在移动身体的过程中能有效促进平衡、力量、灵敏等身体素质的发展。在游戏过程中，走属于低强度的动作，攀爬、钻属于中强度动作，助跑跨跳属于高强度运动，动作之间的相互转变，有效促进了幼儿运动量的达成。

3. 结束部分：听音乐开展"修飞机"游戏，放松身体

（1）播放音乐，教师引导幼儿放松身体

师："感谢超级飞侠安全地帮我运回物资，我们一起为飞机来一次大检修吧（按按手臂，修修翅膀；摸摸肚子，修修仓库；拍拍屁股，修修尾巴；压压大腿，修修轮胎）。"

（2）师幼小结，引导幼儿养成良好的整理习惯，收放器材，结束活动

分析：

以游戏"修飞机"进行放松运动，通过儿歌口令，有效地放松身心，使幼儿一直保持积极参与的兴趣，增进幼儿对体育活动的喜爱之情。

（六）家园共育

家长可以带幼儿到户外不同高度和宽度的障碍物前，练习助跑跨跳，增进亲子间的情感。

（七）活动评析

1. 动作组合，提高身体的协调性和灵活性

大班幼儿正处于感知觉发展的重要阶段。在游戏中，多样的体育器材构成了不同的立体运动路径，幼儿通过观察、感知物体在空间的位置，利用走、助跑跨跳、攀爬、钻等动作，使身体在移动的过程中，快速有效地通过障碍，促进了动作的发展，提高了身体的协调性和灵活性。

2. 关注个体，自主完成不同层次的挑战

在游戏中，教师提供不同高度的跨栏和攀爬架，幼儿可以在尝试之后，自主选择符合自己水平的运动器材和路径进行游戏，这一过程关注了整体和个体发展的需求。

扫码观看《大班集体体育教学活动："超级飞侠"》

第四章

幼儿园民间体育游戏活动案例及分析 ·············➤➤

一、打地鼠

（一）游戏背景

"打地鼠"是常见的灵敏反应类游戏，目标是把冒出"地鼠洞"的"地鼠"全部"打"下去。游戏规则简单易懂、富有趣味性，游戏材料简单易得、便于操作。充气棒、泡沫软棒均可成为"打地鼠"游戏中的打击材料，自制的大纸箱、有洞的彩虹伞、感统游戏中的"多彩企鹅"等教具都可成为"地鼠"躲藏的游戏材料。游戏规则简单，形式有趣，户外、室内均可开展，深受幼儿的喜爱。因此，这一游戏被广泛应用于幼儿园体育游戏中。在游戏过程中，教师可根据幼儿的年龄特点和游戏情况灵活调整游戏玩法和难度，满足幼儿的需求，给幼儿带来新的挑战和经验。

（二）教师预设活动目标

①在"打地鼠"中感受躲藏的喜悦，体验游戏的快乐。

②通过成功躲闪充气棒，锻炼身体的灵敏性和反应能力。

③在教师的提醒下，初步掌握并遵守"地鼠"在充气棒击来之前快速蹲下躲入"洞"中的游戏规则。

（三）游戏进程

1. 第一阶段

"打地鼠"第一阶段的相关内容见表 4-1。

表 4-1　"打地鼠"第一阶段相关内容

主要目标		
初步掌握并遵守"地鼠"在充气棒击来之前快速蹲下躲入洞中的游戏规则。		
游戏材料	游戏玩法	游戏规则
充气棒、"地鼠洞"。	幼儿躲在"地鼠洞"中当地鼠，游戏开始时，"地鼠"从上方"地鼠洞"中探出头，教师持充气棒来回走动寻找探出头的"地鼠"，并用充气棒轻击探出头的"地鼠"，"地鼠"要在充气棒击来之前快速蹲下躲入"洞"中，以躲避充气棒的敲击。	教师持充气棒来回走动，用充气棒轻击探出头的"地鼠"，"地鼠"在充气棒击来之前快速蹲下躲入"洞"中。

游戏片段实录

　　游戏开始前，参与本轮游戏的幼儿在教师的帮助下套上游戏服。云朵是第一个套上的，她穿上游戏服后在操场上跑来跑去，还时不时停下来转圈，对着乐宝说："我们一起跑吧。"康康穿好后在游戏服里不停地蹲下、站起，蹲下、站起，兴奋地喊："老师，看，我可以躲起来。"教师走过去试探着用充气棒轻击康康冒出来的头，康康开心地站着没有躲避，还跟着教师来回走动。当参与本轮游戏的幼儿都穿好游戏服后，教师让小朋友和游戏服亲密接触了一会儿才问："'小地鼠'你们什么时候要躲到你们的'地鼠洞'里呢？"嘟嘟说："你来了我们就要躲进去。""那什么时候你们又可以冒出来呢？"教师接着追问。"你不在这里我就可以出来啦！"小毛说。

游戏行为分析

　　地鼠游戏服对于幼儿来说不是常见的游戏材料，加上颜色鲜艳，第一次套上地鼠游戏服的他们觉得新鲜有趣，所以当云朵套着游戏服在操场上跑来跑去的时候，教师并没有制止。因为，在这一刻，云朵对于游戏服的探索兴趣远远大于"打地鼠"游戏本身，教师支持幼儿对游戏服进行充分的体验，看一看、摸一摸、穿着游戏服跑一跑，探索与感知之后再进行"打地鼠"的游戏。

　　小班幼儿年龄小，以直接行动思维为主。康康是个比较内向的孩子，在班上很依赖、很信任教师，喜欢和教师在一起。当教师走近在游戏服里不断蹲起的康康时，康康并没有按规则蹲下躲起来，而是跟随教师走动。首先，他并不关心教师的充气棒会不会击到他的头，他探索的是穿上游戏服之后，在蹲起的过程中不同的蹲起高度对视角的改变，和蹲下就可以藏起来的惊喜感。其次，他跟随教师走动，想要教师再次将充气棒击在他头上。因为在他的游戏互动认知中，他觉得教师的游戏棒击到他的头，是教师与他的亲密互动，他想与教师有更多的互动。

2. 第二阶段

"打地鼠"第二阶段的相关内容见表4-2。

表4-2 "打地鼠"第二阶段相关内容

主要目标		
通过参与"打地鼠"游戏，增加与同伴之间的互动，感受"打地鼠"游戏的喜悦，体验游戏的快乐。		
游戏材料	游戏玩法	游戏规则
充气棒、"地鼠洞"。	多名打"地鼠"人持充气棒来回走动，用充气棒轻击探出头的"地鼠"，"地鼠"在充气棒击来之前快速蹲下躲入"洞"中。	打"地鼠"人持充气棒来回走动，用充气棒轻击探出头的"地鼠"，"地鼠"在充气棒击来之前快速蹲下躲入"洞"中。

游戏片段实录

在两轮游戏之后，艾米向老师提出"老师，我也想敲地鼠"的要求，教师把充气棒递给了艾米，由艾米来当打"地鼠"人。天天、可可看到艾米拿着充气棒嚷着："我也想，我也想！"于是，天天和可可也加入了打"地鼠"人的队伍。换成了幼儿打"地鼠"，他们的兴趣更高了，还对着打"地鼠"人喊："快来，快来打我呀！"艾米手持充气棒围着小伙伴跑来跑去，有时能打到"地鼠"，有时候打不到。天天看艾米行动了，也立马学着艾米的样子跑来跑去，唯独可可没有动。艾米跑过来对可可说："你帮我忙，一起打。"可可在艾米的带动下也开始了打"地鼠"。小"地鼠"们一下子就被击中了，还不停地说："哎呀，一下就打到我了！"

游戏行为分析

两轮游戏后，幼儿主动提出想当打"地鼠"人，说明通过对游戏的熟悉，幼儿的参与度逐渐得到了提高，并且对打"地鼠"人这一游戏角色产生了兴趣。当其他幼儿表示也有意愿时，教师要给予充分的支持，及时调整游戏策略，让三名幼儿同时体验打"地鼠"人的角色。活动中教师支持和保护幼儿的积极性和探究欲望是很重要的。

艾米有一定的组织能力和带动性，当她发现自己的队友可可没有参加"打地鼠"行动时，立马以寻求帮助的口吻把可可带动起来，让同伴有一种被需要和被认同的感觉。

很明显当增加到三名打"地鼠"人的时候，"地鼠"们被击中的频次明显提高，但同时因为打"地鼠"人变多了，"地鼠"需要做蹲起动作的频次也在提高，所以小朋友会有"哎呀，一下就打到我了"的反映。蹲起动作频次的提高对小班幼儿的体能和动作的发展是一个挑战，对其快速反应和身体的敏捷性也是一个挑战。

3. 第三阶段

"打地鼠"第三阶段的相关内容见表 4-3。

表 4-3　"打地鼠"第三阶段相关内容

主要目标		
通过增加游戏情境，提高小跑 + 蹲下的动作，锻炼身体的灵敏性和反应能力。		
游戏材料	游戏玩法	游戏规则
充气棒、"地鼠洞"、海洋球。	"地鼠"从起点拿一个果子（海洋球）往终点出发，到达终点为完成任务。途中打"地鼠"人持充气棒在起点与终点之间走动，用充气棒轻击探出头的"地鼠"，"地鼠"在充气棒击来之前停止跑动，快速蹲下躲入"洞"中，被击中的"地鼠"退出游戏。	①打"地鼠"人持充气棒来回走动，用充气棒轻击探出头的"地鼠"，"地鼠"在充气棒击来之前快速蹲下躲入"洞"中。②"地鼠"手持果子（海洋球）从起点往终点出发，充气棒击来时要快速蹲下躲避。

游戏片段实录

"玩了这么久，有点饿了，我们运点果子回家吧！"教师说。"小地鼠"们高兴地说："好！""可是运果子的路上可能会遇到打'地鼠'人，如果遇到了怎么办？"教师问。迪迪说："那就快点跑，超过他，别让他打到。"玲玲说："那就停下来假装石头。"

"停下来假装石头，你的头还是露在外面呀！"教师追问。艾米立马说："那就快点蹲下去躲起来，别让他看见。""哦，原来我们可以停下来蹲下躲起来。听起来很不错哦，那一会儿我们可以试试这个好办法。"游戏开始了，天天跑得很快，躲过了打"地鼠"人，在跨过操场的白线时他大声喊："我到家了，我到家了！"其他小朋友也都跑向白线并大声喊："我到家了，我到家了！"云朵边跑边喊："我要跑快点，我要跑快点。"成成跑几步蹲一下。璐璐在运"果子"的途中遇到了打"地鼠"人，她停下来愣住了做出哭状，旁边的小朋友大喊："快躲起来。"教师见她没有反应，立马上前提醒她，并轻轻地拍了拍她的肩膀，提示她赶快蹲下去躲好，并说："没事，等他走开，你就迅速跑回家，老师在旁边陪着你。"

游戏行为分析

在游戏中，幼儿躲闪充气棒有了自己的经验。跑动过程中，天天的手在身体两侧平举以保持身体的平衡，他动作发展较好，在游戏中直接选择快跑来躲避充气棒。云朵跑的速度没有天天快，跑动时步伐较小，频率较快，这种跑的方式有利于减速迅速蹲下躲避充气棒。天天和云朵在游戏中以跑为主，主动性较强，身体平衡性好。

成成在"运粮"的过程中表现得很谨慎，跑两步就停下来观察打"地鼠"人与自己的距离，成成跑的速度不快，但步伐较大，跑动、停止、蹲下的动作协调性较好。

游戏中幼儿跑的动作得到了练习，在自由跑动和停止蹲下动作的组合中，大部分幼儿都能根据自己的经验，动作较为协调地完成游戏任务。

（四）家园共育

亲子游戏：在家庭游戏时，可以用彩圈代替"地鼠洞"，也可以家长幼儿一起用大纸箱自制"地鼠洞"，幼儿用画笔颜料装饰"地鼠洞"，提高幼儿的游戏兴趣。

（五）活动评析

1. 游戏材料设计新颖，符合幼儿的年龄特点

打"地鼠"游戏材料色彩鲜艳，激发了幼儿对游戏的兴趣，游戏材料数量配置做到了人手一份，能让幼儿在游戏中进行充分感知与探究，满足了幼儿对材料的需求；游戏材料设计与玩法匹配，在穿上游戏服后，幼儿能通过站立、蹲下感知不同的视角，躲藏类游戏适合小班幼儿。

2. 游戏玩法层层递进，进一步激发幼儿玩游戏的兴趣

第一个游戏是感知游戏规则，教师当打"地鼠"人，幼儿当"地鼠"。第二个游戏提升了幼儿当打"地鼠"人的兴趣，增加了"地鼠"的躲藏难度。第三个游

戏加入了"运粮"的游戏情境，进一步激发了幼儿的游戏兴趣。三个游戏层层递进，每一个游戏都建立在前一个游戏的基础上，帮助幼儿在不断的自我挑战中成长在"最近发展区"，从而使幼儿在游戏中更加积极主动。第一个游戏，幼儿充分感知、探索游戏服，帮助幼儿建立了游戏规则，使其知道躲藏类游戏的玩法。第二个游戏在熟悉规则后提高躲藏的难度与密度，对幼儿的反应能力有了进一步的要求。第三个游戏加入了"运粮"的情境，幼儿带着任务有意识地游戏，有效保持了幼儿对躲藏类游戏的兴趣。

3. 游戏过程中师幼互动，感知游戏规则

小班幼儿的规则意识较差，在游戏过程中，教师通过有效的启发、情境的植入、平行的介入让幼儿习得游戏规则。例如，在第一个游戏中教师和幼儿互动：什么时候躲入"地鼠洞"里？第二个游戏对幼儿的要求提供了及时的帮助，把打"地鼠"的充气棒给幼儿，增加了幼儿的角色意识。第三个游戏进一步追问幼儿如何在送"果子"途中有效躲避。每个游戏都体现了良好的师幼互动，让规则在互动中得到了巩固。

扫码观看《小班民间体育游戏："打地鼠"》

二、赶小猪

（一）游戏背景

民间体育游戏"赶小猪"曾流传于田野乡村，以随处可见的小树枝、小木棍当"赶小猪"的器材，一块圆石头、树上的果子、团好的一团泥球等可以滚动的东西都可以成为游戏中的"小猪"。该游戏所需材料简单易得，不受游戏场地限制。"赶小猪"游戏的距离设置可长可短，"小猪"的家可以是一个小坑，也可以是一个树洞，甚至可以是任意指定的地方。"赶小猪"游戏由于趣味性强，规则简单，游戏材料易得，逐渐从乡村传播到城镇，成为幼儿园乐于开展的游戏。游戏器械在传播过程中也不断得到改良，推杆由之前的树枝、木棍改进成了易拉罐和新型PVC材料的组合，"小猪"是大小不一的报纸球。"小猪的家"从随意的土坑、树洞改为利用废旧纸盒、纸箱剪出的大小适合的拱门，装饰后的"小猪的家"不仅环保，还富有童趣，极大地提高了幼儿游戏的积极性。

《指南》指出，利用多种活动发展幼儿的身体平衡和协调能力。小班幼儿年龄小，手眼协调性较差，手臂力量较小，对有关小动物的游戏情境感兴趣。"赶小猪"游戏操作安全，趣味性强，规则简单易于幼儿操作，且运动量适宜，该游戏在锻炼幼儿手臂力量和手眼协调能力的同时，引导幼儿初步形成完成任务的意识。

（二）教师预设活动目标

①体验把"小猪"送回"家"的喜悦，感受完成任务的快乐。

②锻炼幼儿手臂力量，提高其手眼协调能力。

③在教师的提醒下能遵守游戏规则，坚持完成"送小猪回家"的任务。

（三）游戏进程

1. 第一阶段

"赶小猪"第一阶段相关内容见表4-4。

表4-4 "赶小猪"第一阶段相关内容

主要目标		
练习手持推杆站在起点线上，自由选择不同的距离，用推杆赶着"小猪"（报纸球）向前滚动，把"小猪"送回"家"。		
游戏材料	游戏玩法	游戏规则
推杆和报纸球若干，门洞三个，设定距离分别为4米、5米、6米的起止线。	幼儿手持推杆站在起点线上，用推杆赶着"小猪"（报纸球）向前滚动，直到把"小猪"赶回"家"（指定的门洞）。	①幼儿站在起点线上用推杆把"小猪"赶回指定的"家"（门洞）；②听到口令才出发。

游戏片段实录

在第一轮游戏中，大部分幼儿赶"小猪"赶得都不快。壮壮持推杆杆头没有对"小猪"横着赶，杆头的侧面总是碰到"小猪"，"小猪"赶得很慢，几次失败之后，他开始用脚踢"小猪"玩。乐言双手持杆，认真地往前赶"小猪"，在"小猪"快要进入门洞时，乐言持杆把"小猪"赶偏了方向没有进洞，乐言很夸张地叹了口气："哎呀，小猪乱跑。"婷婷双手握住推杆像推小车一样一下一下把"小猪"往前顶，到了洞口轻轻一推，成功把"小猪"赶进了家，婷婷高兴地喊："回家啦！回家啦！"

游戏行为分析

由于没有前期经验，幼儿对游戏材料中推杆的运用不熟悉，壮壮用推杆时没有把杆头横向对准"小猪"，而使游戏进行得不顺利，最后他用踢的方式让"小猪"进家，这才完成了游戏任务。乐言对推杆运用的方式掌握得较好，活动中对游戏感兴趣并把自己带入了游戏情境中，最后赶"小猪"方向跑偏了，他觉得是因为"小猪"乱跑，而不是自己的方法不对。婷婷用自己的方式持杆，把"小猪"成功赶进家，并获得了成功的快乐。同一年龄层次的幼儿在游戏中表现了不同的水平。幼儿虽然用推杆的技巧不熟练，但是他们很喜欢游戏形式，能够积极参与游戏。

2.第二阶段

"赶小猪"第二阶段相关内容见表4-5。

表4-5　"赶小猪"第二阶段相关内容

主要目标		
尝试用推杆把大小不同的"小猪"赶进大小对应的"家"。		
游戏材料	游戏玩法	游戏规则
提供三种大小不同、颜色不同的报纸球以及大小颜色对应的门洞（红色大号球，蓝色中号球，黄色小号球）。	幼儿可自由选择大小不同、颜色不同的报纸球进行"赶小猪"的游戏。	幼儿站在起点线上，中途如果"小猪"偏离方向，要坚持把"小猪"赶回相应颜色的"家"（门洞）。

游戏片段实录

两轮游戏之后，幼儿对推杆的运用更加熟练了。在游戏中，马循对着赶"小猪"的好朋友大声喊："加油！加油！"小伙伴听到朋友的加油声，加快了速度，成功把"小猪"赶进了"家"。在之后的游戏中，许多幼儿都开始为朋友喊"加油"。凯凯顺利把红色大报纸球赶进洞后神气地喊："我的大猪回家啦，我要把猪宝宝也送回家。"于是，他又选择了黄色的小号球继续游戏。若溪和静宜说："我们也送猪宝宝回家吧。"她们选择了赶小号的报纸球。凯凯赶得比较熟练，一边赶一边喊："加油！加油！"若溪把黄色的小号球赶进了旁边红色的"家"，言言帮若溪把球拿出来说："黄色的小猪要进黄色的家。"若溪重新把黄色球赶进了相应的"家"。静宜拿着推杆顺利地把小号报纸球赶进了相应颜色的"家"，高兴地说："我把大猪和小猪都赶回家了。"瑶瑶说："你把猪妈妈和猪崽崽都送回家了。"

游戏行为分析

游戏中，教师将颜色不同、大小不同的球投进相应颜色和相应大小的家，以颜色、大小来区分，融入了色彩的一一对应，增强了幼儿的规则意识。当若溪的球进错了"家"时，旁边的言言能够进行正确判断，帮若溪拿出进错的球，材料的合理投放能更好地帮助幼儿建立规则意识。

游戏中融入了分类概念，如将相同颜色的不同物体放在一起。送不同颜色的球回到相应颜色的"家"，让幼儿有了新的挑战。凯凯自行把大球代入"猪妈妈"的角色，小球代入"猪崽崽"角色，游戏情境符合小班幼儿的年龄特点。

3. 第三阶段

"赶小猪"第三阶段相关内容见表 4-6。

表 4-6 "赶小猪"第三阶段相关内容

主要目标		
从起点线出发，赶"小猪"绕障碍回"家"。		
游戏材料	游戏玩法	游戏规则
①路锥 5~8 个；②提供两种大小不同、颜色不同的报纸球以及大、小号门洞，报纸球与门洞颜色对应。	从起点线出发，赶"小猪"绕障碍回"家"，可以展开竞赛，比比谁的"小猪"先回"家"。	过障碍时要绕过每个路锥。

游戏片段实录

在游戏中，教师把"赶小猪"游戏设置成了"小猪"穿过"森林"去做客的情境游戏。艾米在赶"小猪"绕障碍时自言自语："转弯啦，转弯啦，到啦，到啦！"慕伊很认真地赶"小猪"，在绕障碍时她控制不好赶"小猪"的方向，总是跑偏，思琪在慕伊旁边说："慢一点，慢一点，加油！加油！"慕伊对准门洞把自己的"小猪"赶回了"家"，"小猪"进洞时慕伊高兴地喊："小猪回家啦，小猪回家啦！"

游戏行为分析

游戏中，幼儿赶"小猪"（图 4-1）的技巧更加熟练了，"去小动物家做客"情境元素的加入，让幼儿对游戏保持了较高的兴趣。穿过"森林"绕路锥的技巧对于大部分幼儿来说，既有挑战性，又富有趣味性。艾米在游戏中表现得比较自信，手眼的协调性较高，动作控制能力较强，慕伊年龄偏小，在赶"小猪"绕障碍时遇到了困难，她对于用推杆控制球的方向熟练度不够，手眼的协调能力较差，但是在同伴的鼓励下，慕伊能够完成游戏，坚持性很好。

图 4-1　赶"小猪"

（四）家园共育

亲子游戏：家长和幼儿一起自制玩具进行游戏，幼儿熟练后可以增加难度，赶"小猪"绕过椅子、小凳子，把"小猪"赶到指定的房间。

（五）活动评析

1. 根据幼儿年龄特点投放材料，促进其动作的发展

在游戏中，尊重幼儿的个体差异，投放难度不同的材料，让发展层次不同的幼儿都能够在游戏中达到自己的"最近发展区"。第一层次：投放基础材料，在游戏中掌握赶小猪的玩法及规则，发展相应的动作技能。第二层次：在第一层次的基础上，教师增加了大小号报纸球及门洞，加入了颜色的一一对应，让全班幼儿都能根据自身水平在游戏中得到锻炼，完成任务，体验游戏成功的快乐。第三层次：教师在游戏中，以"绕过小树林"的游戏情境吸引幼儿挑战更难的动作——赶"小猪"绕障碍，提高了对幼儿持杆控制能力的要求。

2. 有效整合领域知识，实现玩中学

游戏整合了数学领域中的颜色、大小，让幼儿在游戏中进一步感知了颜色的一一对应、大小的一一对应，并通过自己的观察与操作，逐步建立规则意识。

3. 材料的废物利用，使绿色环保理念润物细无声地影响幼儿

"赶小猪"的游戏材料合理利用了幼儿身边常见的废旧物品，将其改造成玩具，既拓展了幼儿的思维，又以润物细无声的方式在幼儿的心里埋下了"绿色环保"的种子。

三、老狼老狼几点钟

（一）游戏背景

记忆中，总有我们在校园的操场上、家门口的巷子里和一群玩伴追逐嬉戏的欢笑声，一起在阳光下尽情奔跑挥洒汗水的身影。"老狼老狼几点钟"是一个经典的、传统的多人追逐的民间游戏，游戏玩法简单、易懂，具有一定的娱乐性、情境性，使幼儿在发展动作的同时，提高了应变能力和自控能力。小班幼儿奔跑、躲闪及自控能力有待提高，身体的灵活性也需要进一步增强，通过游戏活动，引导幼儿学会认真听辨信号，较灵活且迅速地做出反应，发展其运动能力。

（二）教师预设活动目标

①体验和同伴户外游戏的乐趣。
②练习四散快跑和躲闪跑。
③能遵守游戏规则，并根据语言信号调控身体动作。

（三）游戏进程

1.第一阶段

"老狼老狼几点钟"第一阶段相关内容见表4-7。

表4-7 "老狼老狼几点钟"第一阶段相关内容

主要目标		
练习四散快跑和躲闪跑。		
游戏材料	游戏玩法	游戏规则
大灰狼头饰一个	一个人扮演大灰狼，其他幼儿扮演小动物。游戏开始时，扮演大灰狼的人背对其他幼儿慢慢往前走，其他扮演小动物的幼儿跟在大灰狼的后面，一边走一边问大灰狼："老狼，老狼几点了？"大灰狼回答1点到11点都可以。当大灰狼回答"12点"的时候，立即回头抓小动物，小动物四散逃跑或选择蹲下来，大灰狼只能抓逃跑的人，被大灰狼抓住的，要暂时离开游戏（在一旁休息）。其他未被抓到的幼儿开始下一轮的游戏。	①当大灰狼发出"12点"信号时，小动物才能四散逃跑或蹲下；②在四散逃跑过程中要注意安全，避免碰撞。

游戏片段实录

交代游戏规则后，教师扮演大灰狼，小朋友扮演小动物开始游戏。当"12点"

的时候，教师回头特意加重了语气回答，琪琪见教师跑过来立马蹲下来，牛仔见教师过来了，笑哈哈地说："大灰狼来追我啦！"教师故意加快脚步抓住了其中一个幼儿，顺便问其他幼儿："为什么他会被我抓住？怎么他们（蹲下的那些幼儿）我就不去抓呢？"小叮当说："蹲下就不能抓了，因为他们在跑，你可以抓跑的。""哦，快被大灰狼抓到的时候，可以蹲下来躲在家里。那这一次谁想来当大灰狼呢？"反复几轮之后，嘟嘟有些不高兴地说："我不想玩儿了，12点太久了，要好久好久才抓。"

游戏行为分析

小班幼儿思维简单，喜欢你追我赶肆意奔跑，对游戏的规则意识相对缺乏。所以，当"12点"的时候，教师会特意回头并加重语气提示幼儿。游戏中，大部分幼儿能迅速做出反应四散跑开，规则意识强的幼儿发现教师快要靠近他们的时候立马蹲下，有些小朋友（牛仔）发现教师快要靠近时则俏皮地和教师追逐跑，这个时候规则对他来说不重要，他更享受和教师的追逐，以及被教师关注的过程。当教师提出让幼儿当"大灰狼"时，听到了"抵触"的声音，小朋友觉得要从1点玩到12点才抓，等得太久了。小班幼儿对事物新鲜感的保持时间较短，坚持性较差。教师根据该班幼儿游戏情况及时调整游戏规则，缩短"大灰狼"回答的时间点，不仅有效支持了幼儿的想法，还让幼儿保持了对游戏的热情。

2.第二阶段

"老狼老狼几点钟"第二阶段相关内容见表4-8。

表4-8 "老狼老狼几点钟"第二阶段相关内容

主要目标		
整合图形认知，按指定地点四散跑。		
游戏材料	游戏玩法	游戏规则
在地上设置安全圈（可以颜色或形状作为标志，设置安全圈供幼儿躲藏）。	一个人扮演大灰狼，其他幼儿扮演小动物。游戏开始时，扮演大灰狼的人背对其他幼儿慢慢往前走，其他扮演小动物的幼儿跟在大灰狼的后面，一边走一边问大灰狼："老狼，老狼几点了？"大灰狼回答1点到11点都可以。	①当大灰狼发出"X点躲到什么形状或什么颜色圈圈"信号时，小动物才能听相应的指令往相应颜色或形状的安全圈里跑，不能提前跑；②在逃跑过程中要注意安全，避免碰撞。

续表

游戏材料	游戏玩法	游戏规则
	当大灰狼回答"X 点躲到正方形或 X 点躲到红色圈圈"的时候，立即回头来抓小动物，小动物赶快躲到相应的安全圈里。大灰狼只能抓没有躲进安全圈里的幼儿，被大灰狼抓住的，要暂时离开游戏（在一旁休息），其他未被抓住的幼儿开始下一轮游戏。	

游戏片段实录

在户外场地上，幼儿发现了地上贴的图形，小柠檬问："老师，怎么地上有几个大大的图形啊？"教师说："对啊，这是小动物的新家。我们一起看看是什么样的家？"教师带领幼儿一一认识地上的三角形、正方形、圆形。之后，游戏开始了，教师扮演大灰狼背对幼儿，幼儿扮演小动物问："老狼，老狼几点了？""3 点。""老狼，老狼几点了？""5 点。""老狼，老狼几点了？"此时，教师加重语气用稍慢的语速回答："6 点，躲到正方形的家里。"教师转过身去抓"小动物"，"小动物"便立刻四散离开，边跑边找正方形的家躲进去。教师发现亮亮和牛仔没有躲进家，就一把抓住了他们，接着问他们："为什么没有躲进去呢？"牛仔说："我没有找到正方形的家。"亮亮说："正方形的圈太小，我躲不进去。"立刻有小朋友说："在这里，你来呀！"坤坤赶紧跑出圈去拉他俩。教师说："下一次没躲进家的小动物就要被大灰狼抓走了哦，你们一定要仔细听，认真看，快快跑进家。"

游戏行为分析

游戏前，幼儿对图形和颜色有认知经验。地上画的大图形立马吸引了幼儿的注意力，他们对即将躲藏的图形即"家"很感兴趣，游戏开始之前教师和幼儿一起辨别图形，巩固和加深幼儿对图形的认知，为后面的游戏做铺垫。因为小班幼儿对语词信息的辨别不太敏感，在游戏的关键时刻，教师放慢语速加重语气，给幼儿明显的指令，以便幼儿能准确接收信息并较迅速地做出反应。亮亮和牛仔没有躲进安全屋，亮亮对图形有很清晰的认识，但是因为每个正方形的圈里人员已经满了，就没有躲进去。小班幼儿合作意识较差，不会和朋友挤一挤腾出位置来。牛仔对正方形的认知不太准，或者是没有观察到。坤坤是一个社会性发展不错的孩子，赶紧帮助朋友，和朋友一起获得游戏的胜利。

3. 第三阶段

"老狼老狼几点钟"第三阶段相关内容见表4-9。

表4-9　"老狼老狼几点钟"第三阶段相关内容

主要目标		
植入木头人游戏，并在奔跑的过程中，学习解救同伴。		
游戏材料	游戏玩法	游戏规则
大灰狼头饰一个	可有2~3只"大灰狼"，其他幼儿在躲闪跑的过程中，如果快被"大灰狼"抓住了，则迅速做"木头人"不动，奔跑着的同伴拍一下做"木头人"的同伴，则视为解救成功，"木头人"可以继续奔跑。	①当"大灰狼"发出"12点"信号时，"小动物"才能做"木头人"不动；②在逃跑过程中要注意安全，避免碰撞；③奔跑着的同伴拍一下做"木头人"的同伴，才算解救成功，"木头人"才可以继续奔跑。

游戏片段实录

户外活动时，教师说："我们玩过'老狼老狼几点钟'和'木头人'的游戏，如果快被大灰狼抓住了，你可以怎么办？""变木头人不动。"小朋友大声说。"嗯，变成木头人，大灰狼可不敢抓你啦！"教师肯定地回答他们。"那木头人怎么样又可以接着玩呢？"川川说："就是让跑的小朋友拍我，我就可以跑了。"游戏开始了，教师扮演大灰狼，小朋友扮演小动物，当教师回答"6点"的时候，幼儿四散跑开，"大灰狼"快靠近坤坤时，他立刻变成"木头人"原地不动。"大灰狼"又去抓别的"小动物"，快接近妞宝时，她也立刻变成了"木头人"，可是妞宝只保持静止了几秒钟，就跟着小朋友一起跑起来。壮壮在奔跑的过程中，不小心把妞宝撞倒了，妞宝趴在地上哭起来。这时，教师停下追幼儿的脚步，说："变变变，所有小动物变成木头人。""小动物"基本上都停下了奔跑的脚步，变成了"木头人"，壮壮还在奔跑，坤坤说："壮壮别跑了，变成木头人。"壮壮变成了"木头人"。

游戏行为分析

此次游戏的玩法结合了"老狼老狼几点钟"（图4-2）和"木头人"的游戏，幼儿对这两个游戏都有经验，但是小班幼儿的思维稳定性不强，所以在游戏开始时教师以语言互动的方式让幼儿回顾游戏玩法，提高对游戏规则的认识。坤坤的规则意识较强，妞宝对游戏玩法熟悉，但是规则意识较弱，坚持性也较差，所以没等朋友来拍她，就跑起来了。壮壮在集体游戏中不知如何调整自己的身体，以及身体的灵活性不强，碰倒了妞宝，壮壮的规则意识和控制能力较差，这也是小班幼儿的年龄特点。出现问题后，为了安全着想，教师及时以游戏情境的方式停止游戏。

图4-2　老狼老狼几点钟

（四）家园共育

亲子活动：家长和幼儿轮流当"老狼"进行游戏，家中的沙发、桌子都可以是"小动物"的家。

小贴士

游戏前期注意观察幼儿对规则的熟悉情况，在幼儿熟悉规则后，再适当加入新内容。

（五）活动评析

1. 角色"对立"，激发游戏兴趣

游戏是幼儿最喜爱的活动，幼儿在游戏中能够获得快乐，发展各方面的能力。"老狼"和"小动物"是幼儿最为熟悉的形象，这个游戏情境性和趣味性强又属于典型的多人追逐类游戏，没有划分小组比赛，更不需要过多的道具来辅助。游戏儿歌、幼儿和教师就是最主要也是最重要的游戏资源。

2. 多元整合，培养良好品质

游戏自然地整合了语言、数学、社会三大领域的内容。游戏二"形状安全屋"的设立，不仅增加了游戏的情境性和趣味性，还整合了数学认知，增加了听辨信号的难度，培养了幼儿倾听的专注性。游戏三和朋友的互动，更关注了个体和他人。小班幼儿虽然以自我为中心，但是可以逐步建立和他人的关系等亲社会行为。

3. 师幼互动，提高游戏质量

教师根据小班幼儿的年龄特点，在建立游戏规则的基础上和幼儿共同回顾已有经验，并让幼儿回答游戏规则。在游戏的过程中，为了让幼儿明白规则，在关键点上以加重的缓慢的语气提示幼儿。在第三个游戏中，幼儿出现安全隐患时，教师又以平行介入的方式，用游戏情境让幼儿暂停游戏。

第二节　幼儿园中班民间体育游戏活动案例及分析

一、踩高跷

（一）活动背景

民间游戏踩高跷俗称缚柴脚、扎高脚、走高腿，是传统民俗活动之一，是我国北方民间盛行的一种群众性技艺表演，多在一些民间节日里由舞者脚上绑着长木跷在节日里表演。其技艺性强，形式活泼多样，深受广大观众的喜爱。踩高跷活动因器材简单、玩法简单，且对场地要求不高，成了幼儿园民间体育游戏的热门选项。幼儿园体育活动踩高跷，是根据幼儿的年龄特点，在玩法和游戏材料上都有所调整和创新。选取高跷材料时，多是利用废物，如将易拉罐和绳子结合起来，做成高跷。材料随手可得，易于制作，自制高跷的高度和宽度符合幼儿的年龄特点。由于踩高跷对幼儿身体的协调性和平衡能力要求较高，因此，它适合中班及大班幼儿玩耍。近几年，因踩高跷游戏在幼儿园深受欢迎，玩具厂家也开发出了适合幼儿年龄特点的塑料高跷，颜色鲜艳，大小、宽度及高度都适宜幼儿操作，并且难易程度可依据幼儿的发展水平灵活调整。

《指南》指出，利用多种活动发展身体平衡和协调能力，如玩跳房子、踢毽子、蒙眼走路、踩小高跷等游戏活动。中班幼儿腿部力量和手的控制力逐渐增强，身体动作较小班时更加协调，开始对具有挑战性的游戏感兴趣。踩高跷游戏操作安全，趣味性强，规则简单易于幼儿操作，且运动量适宜，该游戏在锻炼幼儿腿部力量、手部控制力和身体协调能力的同时，激发了幼儿对挑战性游戏的兴趣。

（二）教师预设活动目标

①感受踩高跷的乐趣，体验挑战成功的自豪感。

②能踩高跷往前走，保持身体平衡，提高动作的协调性和灵活性。

③学习踩高跷的方法。

（三）游戏进程

1. 第一阶段

"踩高跷"第一阶段相关内容见表4-10。

表4-10　"踩高跷"第一阶段相关内容

主要目标		
知道踩高跷的正确方法，能踩高跷向前走。		
游戏材料	游戏玩法	游戏规则
塑料高跷每人一副。	幼儿手拉高跷绳子，脚踩高跷，在教师指导下，探索高跷玩法，自由向前走。	①从起点往终点出发，不摔跤，最先到达终点的获胜；②起点线与终点线距离为15米。

游戏片段实录

由于是第一次玩踩高跷，大部分幼儿没有经验，婷婷站上高跷，绳子拧了走不了；乐乐一只脚踩上了高跷，另一只脚由于手上的绳子没拉紧，垂下来挡在高跷上脚不好踩；辰辰双脚较顺利地踩上了高跷，但是走了两三步之后就走不稳了，下来了。第一轮游戏中幼儿能够成功走起来的很少。教师采用儿歌的形式来提醒幼儿注意拉紧绳子。"小小绳子拉直了，眼睛看前大胆走。"辰辰一边念儿歌，一边把绳子向上拉紧慢慢向前走，走了几步之后，辰辰中途停顿了一下，手上的绳子没拉紧，一只脚从高跷上滑了下来，辰辰马上拉紧绳子。在第二轮自由练习时，辰辰顺利从起点走到15米处的终点，走到终点的辰辰高兴地喊："我成功啦，我成功啦！"

游戏分析

踩高跷游戏重点是锻炼幼儿的手部控制能力和身体协调能力，手里的绳子一定要拉直，眼睛望着前方，才能顺利提着高跷走。幼儿对高跷游戏感兴趣，但由于没有经验，大部分幼儿在练习踩高跷时手没有拉紧绳子而导致走不动、走不稳。儿歌直观形象、简单易学，教师通过儿歌提醒幼儿注意拉绳和往前走的方式，符合幼儿学习特点。辰辰一开始没有掌握方法，在儿歌的提示下，能够比较顺利地走一定距离。

2.第二阶段

"踩高跷"第二阶段相关内容见表4-11。

表4-11　"踩高跷"第二阶段相关内容

主要目标		
踩高跷跨过20厘米宽度的泡沫板（小河）。		
游戏材料	游戏玩法	游戏规则
高跷每人一副、泡沫板15片。	在距起点3～5米的位置，将泡沫板呈直线平铺当"小河"，幼儿踩高跷从起点出发跨过小河走向终点。	踩高跷跨过泡沫板时，不能踩到泡沫板。

游戏片段实录

文文踩着高跷走到"小河"前停下来，右脚向前跨过"小河"，走到终点后，文文提着高跷马上回到队伍里重新排队，对着同伴说："很容易，慢点走就可以了。"豆豆踩高跷走到"小河"边，右脚向前跨出，落地时高跷踩在泡沫板上没有成功，文文对豆豆说："走大一点就跨过去了。"重新开始的时候，豆豆慢慢地跨过泡沫板，当她到终点时，开心地对着同伴笑，还做了一个"胜利"的手势。

游戏行为分析

教师以泡沫板的加入给高跷游戏增加了难度，同时也提升了游戏的趣味性。成功跨过"小河"，这一动作对步伐的宽度提出了要求，幼儿的游戏积极性被有效地调动起来，文文动作发展较好，能很好地掌握跨过"小河"需要步子大一点的方法，并能用自己的成功经验提示朋友"好容易的，慢点走就可以了"。豆豆第一次没有预测准泡沫板的宽度，"过河"步伐小，失败了。有了第一次的经验，在第二次"过河"时，豆豆能够调整好身体用较大的步伐成功跨过"小河"，体验到了成功的快乐。

3. 第三阶段

"踩高跷"第三阶段相关内容见表 4-12。

表 4-12 "踩高跷"第三阶段相关内容

主要目标		
体验挑战踩高跷跨过 20 厘米左右的高度。		
游戏材料	游戏玩法	游戏规则
①高跷每人一副，不同高度的跨栏16个（10厘米、15厘米、20厘米、25厘米高度的各4个）；②路锥16个。	场地设置4条路线，每条路线分别摆放10厘米、15厘米、20厘米、25厘米的跨栏各4个，路锥障碍4个，幼儿自由选择挑战不同的高度，从起点出发，绕障碍跨栏到达终点。	①不能碰倒跨栏，中途如果碰倒跨栏要在原地把跨栏恢复到原位；②绕障碍时要一个一个地绕过去。

游戏片段实录

泽泽踩着高跷顺着路锥绕。在转弯时，他手上的绳子没拉紧，差点没站稳，随后他对天天说："这个转弯好危险，要慢慢走。"泽泽之后再绕路锥时，他的速度明显慢了一些，转的弯也大了一些，过弯特别稳。

阳阳在踩高跷跨栏时，把跨栏碰倒了，阳阳扶好跨栏，没有继续游戏，而是在旁边看其他幼儿跨栏，观察了大概5分钟，然后他踩着高跷加入了游戏，这一次他把脚抬高一点再跨。完成之后，他跑到老师跟前报喜："老师，我跨栏成功啦！"教师及时回应："你认真看小伙伴练习，发现了跨栏成功的办法，有一双会观察的眼睛，真棒！"

游戏评析

踩高跷跨栏（图4-3）对幼儿抬脚的高度有了更高的要求，对身体平衡性和灵活性的要求也更高。不同高度的跨栏能够满足不同能力幼儿的需求。泽泽第一次跨栏时对抬脚的高度判断不准，导致没站稳，但泽泽的学习品质很不错，能及时调整自己的游戏行为而获得成功。阳阳能很自律地遵守游戏规则，跨栏倒地后能主动还原，他的学习品质非常好，能自主通过同伴的行为反思自己失败的原因，并调整游戏行为，最终取得成功。

图 4-3　踩高跷跨栏

（四）家园共育

亲子游戏：幼儿和家长一起玩踩高跷游戏，根据幼儿的实际水平进行"看谁走得快""跨过障碍物""绕过碉堡"等游戏。

> **小贴士**
>
> 游戏时清理地面，避免在游戏中滑倒造成运动伤害。

（五）活动评析

1.游戏材料多元组合，促进幼儿多种动作技能的发展

游戏材料符合中班幼儿动作的发展特点，材料轻便，不限场地大小。材料的整合度强，与其他运动器械可以随机搭配，提升游戏难度，增强游戏趣味性。第二个活动加入泡沫板，对幼儿踩高跷行进时跨出的宽度提出了要求。第三个活动加入跨栏，加入了高度的练习。在踩高跷绕障碍游戏中，幼儿身体的平衡能力与手脚协调能力都得到了锻炼。

2.游戏情境的创设，提高了幼儿对游戏的兴趣

随着游戏的推进，升级版"跨栏高手"（跨栏＋高跷），游戏"穿过小树林"（绕障碍走高跷）游戏富有趣味性，很好地吸引了幼儿积极主动地游戏，让幼儿在游戏中获得了动作的发展，并培养了良好的学习品质。

3.游戏的层次性，尊重每位幼儿的"最近发展区"

每个游戏创设了不同的层次，提供了不同层次的材料，如第三个游戏创设了10～25厘米的不同高度，让每位幼儿可以根据自己的能力选择，并逐步挑战难度更高的路线，体现了教师以幼儿为本的游戏观，尊重每位幼儿的"最近发展区"。

二、抓尾巴

（一）游戏背景

"抓尾巴"又叫"抓老鼠"，是经典的民间游戏，因其情境性和趣味性，成为幼儿喜爱的一项民间体育游戏。《指南》指出，4～5幼儿能与他人玩追逐、躲闪跑的游戏。"抓尾巴"是一项相互去抓对方"尾巴"的多人游戏，在追逐的过程中，培养了幼儿快跑、追逐跑、躲闪跑的能力以及身体的灵敏性、协调性。在户外活动时鼓励幼儿和同伴自由开展游戏。

（二）教师预设目标

①喜欢和同伴玩"抓尾巴"游戏，感受集体游戏的快乐。
②练习快跑和躲闪跑，锻炼身体的灵敏性和协调性。
③增强追逐躲闪过程中的自我保护意识。

（三）游戏进程

1. 第一阶段

"抓尾巴"第一阶段相关内容见表4-13。

表4-13 "抓尾巴"第一阶段相关内容

主要目标		
练习快跑和躲闪跑的动作。		
游戏材料	游戏玩法	游戏规则
自制"小老鼠"若干，"老鼠尾巴"要留长、留粗一点。	教师描述规定区域游戏，每次请8～10名幼儿游戏。幼儿在游戏时不能跑出区域。在老师和同伴的帮助下，将"老鼠尾巴"塞在裤子后面，让"老鼠尾巴"露在外面，听到指令后开始追逐抓同伴的"老鼠尾巴"，同时要保护好自己的"尾巴"，抓到的为胜。"尾巴"被抓掉的幼儿退出游戏，在规定的时间内看谁抓的尾巴最多。	在游戏时不能跑出规定的区域。

游戏片段实录

教师说："小老鼠们，出去抓尾巴了！"圈内10名参与游戏的幼儿开始相互"进攻"，他们不停地围着圆圈跑。在一旁观战的沐沐着急地喊着："一哥，后面，后面，抓小宝的尾巴。"教师在圆圈边观察，并提示幼儿："转过去，上前抓，别光顾着跑，要抓别人的尾巴……"一哥突然转过身，加快速度绕到他后面的小宝身边，小宝也加快速度往前跑，一哥追了一会儿，没追上，手离小宝身后的"尾巴"总是差那么一点。一哥突然看见左手边的亮亮，转过身快跑绕到亮亮的身后，一把抓住了亮亮的"尾巴"。

── 游戏行为分析

圈内的 10 名幼儿最开始只是保护自己的"尾巴"不被别人抓住，于是以守住自己的"尾巴"为主要目的，并没有意识到要去抓别人的"尾巴"。幼儿对如何以攻为守，变被动为主动还需要一个探究的过程，因为这个游戏既要保护好自己又要进攻他人，这也符合中班幼儿在游戏中一时难以做到主体和他人兼顾的年龄特点。教师观察游戏的进展情况，适时用语言提示幼儿。一哥有了游戏技巧，及时调整自己的游戏行为，突然转过身去抓小宝的"尾巴"，而且知道在抓朋友"尾巴"时一定要加快速度，当抓不住小宝的"尾巴"时，他又调整游戏行为，转而抓毫无防范的离他最近的亮亮的"尾巴"，从而成功。一哥有游戏的专注力和游戏目标，但是在目标不能达成时，能及时调整自己的行为，是一个头脑灵活的孩子，但同时对目标制定的坚持性不够。

2．第二阶段

"抓尾巴"第二阶段相关内容见表 4-14。

表 4-14　"抓尾巴"第二阶段相关内容

主要目标		
尝试"踩"尾巴，提高身体的敏捷性和躲闪跑的能力。		
游戏材料	游戏玩法	游戏规则
自制"小老鼠"若干，"老鼠尾巴"要留长、留粗一点。	每次请8～10名幼儿在规定区域内游戏。在老师和同伴的帮助下，将"老鼠尾巴"的一头互相塞进对方的裤子后面，另一头拖在地上。听到口令后，四散跑开，去踩对方的"尾巴"，同时也要保护自己的"尾巴"不被踩到。"尾巴"被踩掉者退出游戏，"尾巴"没被踩掉的人获得最后的胜利。	在规定区域内游戏，如果被踩到"尾巴"，就主动停止游戏。

── 游戏片段实录

游戏开始前，教师问幼儿："今天的尾巴这么长，都到地上了，我们怎么抓呢？"

"快快抓。""弯下腰抓。""两个人一起抓。"答案众说纷纭。教师又问："除了用手，还可以用什么抓尾巴？"达达立马说："用脚。"教师追问："用脚怎么抓？"腾腾脸上露出得意的表情说："跑过去用脚踩掉啊。"于是，腾腾邀请了他的好朋友轩轩一起示范，新的游戏就在腾腾的示范中展开了，教师帮助轩轩将"老鼠尾巴"的一头塞在裤子后面。等"尾巴"都塞好后，教师说："快快去抓尾巴吧！"教师一声哨响，幼儿立刻互相追逐起来。腾腾快速追上前面的轩轩，离轩轩只有一米左右时，腾腾突然一个大跨步，猛地一脚踩住了轩轩的"尾巴"。轩轩很不高兴，转过身推了一把腾腾，腾腾很生气："你输了，你出局了！"轩轩不服气地说："我们重新来，你一定抓不到我！"腾腾说："输了就输了，你出局了！"轩轩很不情愿地站到了圈外。教师静静地站在一边看着。

游戏行为分析

在游戏的新玩法上，教师用启发式提问的方式充分引导幼儿去思考和创新。腾腾是一个好胜心强，善于思考、乐于合作的孩子，符合中班幼儿的年龄特点。在游戏中，腾腾能根据情况迅速调整自己的行为，很有游戏的智慧，如当轩轩推他时，他虽然很生气，但他能控制自己不还手，而是和朋友理论，自制力强，并能遵守游戏规则。轩轩好胜心也很强，不能接受游戏的失败，不能很好地面对输赢，有一定的攻击行为倾向。尽管规则意识不强，但是在朋友的劝导下，轩轩还是能遵守游戏规则。教师面对幼儿的冲突，并没有马上介入，而是站在一旁观察，让幼儿自己处理，培养了幼儿解决问题的能力，对于轩轩的行为，也只能让他在不断的体验中，获得"输了就是输了，我们要正确接受输赢"的观念。

3. 第三阶段

"抓尾巴"第三阶段相关内容见表4-15。

表4-15　"抓尾巴"第三阶段相关内容

主要目标		
在梅花桩上"抓尾巴"，提高身体的平衡能力和灵活性。		
游戏材料	游戏玩法	游戏规则
自制"老鼠尾巴"若干、捆绑易拉罐、自制宽度不一的梅花桩若干。	在老师和同伴的帮助下，将"老鼠尾巴"一头塞到裤子后面，一头露在外面。参与游戏的幼儿站在梅花桩旁边，听到口令后在指定的范围内互相追逐抓"尾巴"，游戏时，不能抓站在梅花桩上幼儿的"尾巴"，"尾巴"被抓掉的幼儿退出游戏，最后抓到"尾巴"最多者获胜。	游戏时，不能抓站在梅花桩上幼儿的"尾巴"，站在梅花桩上躲避的幼儿自行数数到5（5秒钟），下来参与游戏。追逐中"尾巴"被抓者输，退出游戏。

（4）游戏片段实录

10名幼儿站在梅花桩旁，教师说："今天小老鼠来到了魔法森林里玩抓尾巴的游戏，在游戏时，你发现朋友就要追上来抓尾巴的时候，可以站到魔法树桩上。这样，你的尾巴就被魔法保护了。魔法树桩可以保护你5个数，数完5个数以后，魔法消失要下来继续游戏。"游戏开始了，幼儿都快速绕着梅花桩奔跑，贺子颜趁王鑫宇背对着他时，一把扯下了王鑫宇的"尾巴"。接着，贺子颜乘胜追击，追着果冻跑，果冻被追了半个圈站上了距离最近的梅花桩，但是贺子颜已经追上来，在果冻站上去的前一瞬间扯下了她的"尾巴"，果冻"尾巴"被抓，笑着蹦蹦跳跳离场了。在游戏最后一分钟里，场上还剩下4名幼儿，贺子颜抓的"尾巴"最多，有3条。他追到唐静宜的时候，唐静宜快速站到梅花桩上，贺子颜转而去追旁边的汤文芊，而汤文芊也迅速站到梅花桩上，贺子颜转换目标去追较远的谢乐言并扯下了他的"尾巴"。追逐中，汤文芊的"战利品"掉了一根，贺子颜停下脚步拾起还给汤文芊，在两人交接"尾巴"时，站在梅花桩上躲避贺子颜的唐静宜绕到贺子颜身后一把扯下了他的"尾巴"，"战利品"最多的贺子颜因失去"尾巴"退出比赛。最后留在场上的是唐静宜——"战利品"1条"尾巴"，汤文芊——"战利品"2条"尾巴"。

游戏行为分析：

教师巧妙地创设了情境，增加了游戏的趣味性，也便于幼儿在情境中自主遵守游戏规则，游戏难度的增加，对幼儿身体的平衡性、灵敏性要求更高，同时对幼儿的规则意识也提出了更高的要求。教师采用了让幼儿试一试的方式，让幼儿大胆去体验和感受游戏的玩法以及保持身体平衡的方法，符合幼儿亲身体验和感受的学习特点。唐静宜是机灵的孩子，游戏中时刻不忘护住自己的"尾巴"，一直在混战中保存自己的实力，在躲避被朋友抓住"尾巴"的同时，她能发现游戏契机，果断抓住别人的"尾巴"，获得游戏的胜利，她能通过游戏积极进行思考和学习。

（四）家园共育

亲子游戏：家长可以用小毛巾代替"尾巴"来进行游戏，游戏时可以加入爬沙发、钻桌子等游戏情节，增加游戏的乐趣。

小贴士

游戏中提醒幼儿在奔跑躲闪时注意安全，并注意运动量的把控。

（五）活动评析

1. 材料的组合，增加了游戏的挑战性和趣味性

游戏中的道具"小老鼠尾巴"源于日常生活中废旧的袜子、彩色的布条、报纸等，简单环保，但是单调、枯燥、一成不变的材料会使幼儿失去探究和游戏的兴趣，也不利于幼儿在游戏中获取新的经验。教师对原有单一的材料加入梅花桩进行组合，使游戏更具有挑战性和情境性。

2. 多元感官的调动，提高了幼儿的运动素养

三个游戏从简单的追逐徒手"抓尾巴"，到用脚来"踩尾巴"，再到在梅花桩上抓"尾巴"，让幼儿不仅护住自己的"尾巴"还要想办法抓同伴的"尾巴"，充分调动了幼儿的手、眼、脚、脑，使其身体的每一个细胞都活跃起来，使幼儿快跑、追逐跑、躲闪跑、平衡等多种动作得到了发展。在游戏的过程中，幼儿的身体不仅要快速动起来，思维也要快速活跃起来，真正达到了"脑体双优"。

3. 师幼互动，促进了幼儿社会性情感的发展

对于规则的建立和游戏的玩法，教师总是立足于幼儿视角，和幼儿共同商量和探讨，并通过说一说、试一试的方法鼓励幼儿大胆说、大胆做。出现冲突时，教师也是做一个观察者，充分让幼儿自己去解决问题，消化内心"只能赢不能输"的心理，让幼儿自己尝试和体验，正确对待挫折，而不是枯燥地说教和不适时地介入。

扫码观看《中班民间体育游戏："抓尾巴"》

三、跳房子

（一）游戏背景

跳房子俗称跳格子、跳飞机。开展跳房子游戏场地受限小，只需一块较平整的地面；游戏材料小石头、瓦片、串珠随手可得；游戏人数可单人可多人；游戏规则简单易懂，具有可变性，是中国民间传统的体育游戏之一，游戏性、趣味性强，深受幼儿的喜爱。

（二）教师预设活动目标

①和同伴一起游戏，感受跳房子的趣味性，愿意参与民间体育游戏。
②练习单双脚交替跳，发展身体平衡性，增强腿部力量，锻炼身体协调性。
③熟悉游戏的玩法，能遵守游戏规则。

（三）游戏进程

1. 第一阶段

"跳房子"第一阶段相关内容见表 4-16。

表 4-16 "跳房子"第一阶段相关内容

主要目标		
在游戏中练习单双脚交替跳，感受"跳房子"的趣味性，愿意参与民间体育游戏。		
游戏材料	游戏玩法	游戏规则
在走廊或操场贴出不同数量的格子做房子，串珠若干。	幼儿在起点排队，将串珠扔进最远的格子里，单双脚交替跳到有串珠的格子里，拾起串珠继续单双脚交替跳回起点。	①串珠不能扔出格子；②单双脚跳时不能踩线，单脚跳中途另一只脚不能落地。

游戏片段实录

在游戏时，贝贝拿着串珠用力向前一扔，把串珠扔出格子，贝贝对老师说："老师，我再扔一次好吗？"程与说："那就每个人两次机会，用完了就没有了。"天天说："格子有点小，再大一点就好了。"贝贝在第二次扔出时用的力气小一点，串珠成功落在了格子里，贝贝顺利完成了游戏。龙龙拿着串珠用抛的方式扔出，串珠落到了格子里，龙龙高兴地对旁边的同伴说："要这样就能丢进格子里了。"婷婷在游戏时，每跳一格就双脚挪动一下再起跳，言言和天天看见了大声说："脚不能动，动了就犯规了。"成成比较顺利地把串珠投到格子里面，单双脚交替进行，顺利完成了游戏。完成后，成成神气地向小伙伴比了一个胜利的手势。

游戏行为分析

"跳房子"游戏规则简单易于操作，幼儿游戏的兴趣很高。在游戏中，贝贝对于串珠扔进格子的位置预判不够准确，于是主动向老师提出"再来一次"，程与随即提出每人有两次扔串珠机会，天天提出把格子画大些。幼儿遇到问题能够积极动脑找出可行的解决办法，对于自己制定规则的游戏也玩得更加投入，游戏的自主意愿更强烈。

"跳房子"游戏规则简单易懂，在游戏过程中，幼儿能够对游戏是否成功与犯规有一个清晰的判断，婷婷在游戏中移动了双脚，言言和天天就会发现并指出。通过游戏，幼儿的社会性有了较好的发展。

2. 第二阶段

"跳房子"第二阶段相关内容见表 4-17。

表 4-17　"跳房子"第二阶段相关内容

主要目标		
锻炼身体协调性，提高单双脚交替跳动作的敏捷性。		
游戏材料	游戏玩法	游戏规则
在走廊或操场贴出并列的、相同数量的格子做房子，串珠若干。	幼儿分成两队，将串珠扔进三角形房顶，从起点出发，单双脚交替跳房子至房顶，拾起串珠顺原路单双脚交替跳回。	①前面的幼儿跳回后，把串珠交给后一名幼儿游戏；②单双脚交替跳时不能踩线，单脚跳中另一只脚不能落地，串珠不能扔出格子。

游戏片段实录

同组的幼儿在游戏时，队里的伙伴都喊："加油，加油！"甜甜在游戏时单双脚交替跳，换脚跳时总是会在格子里停一下，有时还会回头看一下身后的同伴，导致整个小组的领先优势在减弱，大家都很着急，贝贝大声喊："快点跳，快点跳。"甜甜跳完轮到倩倩跳时，东东说："你跳的时候不要停，要快一点，不然我们会输的。"

游戏行为分析

在游戏设计上，从一队轮流跳一个房子，调整为两个房子并列设置，两队同时从起点出发游戏，加入了竞赛环节，激发了幼儿的竞赛意识和集体荣誉感。在游戏过程中，幼儿都很投入，甜甜让整队的小伙伴都开始着急，东东为避免失误相互提醒，幼儿的亲社会行为明显得到了加强，竞赛游戏的设计让游戏更具趣味性，符合中班幼儿的年龄特点。

3. 第三阶段

"跳房子"第三阶段相关内容见表 4-18。

表4–18　"跳房子"第三阶段相关内容

主要目标		
双腿夹紧沙包连续行进跳，锻炼下肢力量。		
游戏材料	游戏玩法	游戏规则
在走廊或操场贴出并列的、相同数量格子的做房子，沙包若干。	幼儿分成两队，将沙包扔进三角形房顶，从起点出发，单双脚交替跳房子至房顶拾起沙包，双腿夹紧沙包双脚行进跳回到起点。	①双腿夹紧沙包连续行进跳，沙包不能掉下来；②沙包不能扔出格子，跳的时候不能踩线。

游戏片段实录

晨晨跳起来，沙包没有夹紧，刚跳了两格，沙包就掉了下来，只能夹好后重新跳，康康大声喊："要夹紧才能跳。"豆豆把沙包夹在膝盖的位置，夹得很稳，跳的时候用力过猛，双脚踩到了线，贝贝跑过来告诉老师："豆豆踩线犯规了。"等在起点线上的幼儿在同伴失误之后纷纷感叹："唉，又要重来，小心一点。"乐乐主动和同伴分享心得："不要着急，一下一下跳。"康康在游戏时说："老师，我的沙包总是掉。"婷婷说："你跳的时候脚不要分开。"乐乐说："没关系，只要夹紧就可以了。"

游戏行为分析

夹物跳是游戏中新加入的动作，让幼儿在游戏中体验下肢不同力量的运用，难度的增加激发了幼儿的挑战欲望。在游戏过程中，幼儿因为失误开始讨论沙包怎么夹才不容易掉，在讨论中，夹沙包跳成功的幼儿根据已有的游戏经验，对同伴提出的问题进行了讨论与分析，进一步激发了幼儿游戏的兴趣。

（四）家园共育

亲子游戏：在家中，家长可以用粉笔或者电工胶和幼儿一起设计"房子"，制定规则，开展跳房子游戏。

小贴士

放松活动注意重点要放松腿部肌肉。

（五）活动评析

1.游戏形式古法今玩，促进了幼儿社会性的发展

"跳房子"游戏形式灵活，不但可以独立游戏，还可以团队合作游戏。在第二轮游戏中，游戏玩法调整为幼儿分成两队，将串珠扔进三角形房顶，从起点出发，单双脚交替跳房子至房顶，拾起串珠顺原路单双脚交替跳回的团队竞赛游戏，新玩法极大地调动了幼儿游戏的积极性，激发了幼儿的竞争意识与集体荣誉感，促进了幼儿社会性的发展。

2.游戏中多种跳的练习增强了幼儿下肢力量与身体的协调性

"跳房子"游戏练习的重点动作是跳。游戏的各种玩法都是为跳这一动作的发展来服务的。第一、第二个活动的单双脚交替行进跳，锻炼了幼儿腿部力量及身体的平衡性，在第三个活动中，在单双脚交替行进跳和抛的动作练习上，增加了夹物行进跳的内容。夹物跳更进一步锻炼了幼儿腿部肌肉力量。游戏难度的逐步升级，体现了幼儿不断挑战自我的需求和坚持的品质。

3.游戏材料多样性，吸引了幼儿的积极参与

"跳房子"游戏材料简单易得，所取材料都是身边易得之物。例如，串珠可以用饮料瓶盖打孔制作，废旧材料的利用既能节约资源又能让幼儿从小树立"绿色环保"的理念。游戏中，材料的投放与玩法契合度高，并根据游戏玩法进行变换。

图 4-4 "跳房子"

第三节　幼儿园大班民间体育游戏活动案例及分析

一、贴人游戏

(一)游戏背景

贴人游戏,又叫贴膏药、贴烧饼,是一个典型的绕圈追逐类游戏,是我们经常玩的一种民间游戏。游戏玩法简单易懂,需要幼儿两两一组,一前一后紧紧地贴在一起,"膏药"贴上来则马上采取行动。游戏看似在考验参与者奔跑的速度和耐力,同时还隐含了组员之间相互默契的合作与快速反应的训练,是一个可以锻炼幼儿快速反应能力和合作意识的游戏,不但具有较强的综合性功能,还将追逐跑变得更加刺激有趣,有利于幼儿的全面发展。

(二)教师预设活动目标

①能够遵守游戏规则,体验与同伴共同游戏的快乐。

②通过玩"贴膏药"游戏,练习快跑、追逐跑、躲闪跑,提高身体的灵敏性和反应能力。

③在游戏中学会观察思考、快速追逐和快速躲闪的方法。

(三)游戏进程

1. 第一阶段

"贴人游戏"第一阶段相关内容见表 4-19。

表 4-19　"贴人游戏"第一阶段相关内容

主要目标		
在游戏中掌握游戏规则及玩法,初步学习快跑和躲闪跑。		
游戏材料	游戏玩法	游戏规则
在户外空旷安全的场地上画一个大圆圈。	根据幼儿意愿,请两名幼儿,一名为"膏药",一名为"医生",其他幼儿每两名一组,前后贴紧站立。游戏开始后,"医生"开始追赶"膏药","膏药"快速跑到某组幼儿的后面紧紧贴住,这时该组最前面的幼儿变成"膏药",可自由奔跑。循环进行,如果"膏药"被"医生"抓到,两人互换角色,继续游戏。	扮演"膏药"和"医生"的两个幼儿必须在规定的活动范围内跑,被拍到就算被追到;如果"膏药"跑出规定的活动范围,则自动换为"医生"。

游戏片段实录

"预备，开始！"教师宣布开始，柠檬（膏药）赶紧顺着圈外跑，有的幼儿不停地对柠檬说："贴到我这里！贴我后面！"有的幼儿见柠檬朝他们跑过来对柠檬说："别贴这里，别贴这里。"柠檬见凯翼（医生）快要追上来了，她赶紧就近贴在了一组的最前面，可凯翼还是拍了她说："我抓到她了！"柠檬气呼呼地说："没有，不算，我已经贴好了。"教师把裁判权交给了其他幼儿，虎子说："柠檬输了，老师说的不是站在前面，是站在队伍最后面。"

游戏行为分析

在这个游戏片段中，幼儿对游戏有明显的期待，当柠檬跑过来时，参与度极高、勇于挑战的幼儿渴望贴到自己身上；愿意参与游戏但不敢进一步挑战的幼儿又害怕贴到自己，怕在游戏中失败，这两类幼儿的游戏行为体现了同一年龄段不同幼儿的心理特点。

游戏中，当柠檬反应敏捷，快要被抓住时，她能迅速做出反应和判断，就近贴一组。她的不服输，体现了大班幼儿好胜的心理。在争论输赢时，教师没有第一时间给出判断，不仅尊重幼儿，把裁判权交给幼儿，还进一步检验、巩固和强化了幼儿的规则意识。

2. 第二阶段

"贴人游戏"第二阶段相关内容见表4-20。

表4-20 "贴人游戏"第二阶段相关内容

主要目标		
改变游戏玩法玩"贴人游戏"，提高快速追逐、躲闪能力和反应的敏捷性。		
游戏材料	游戏玩法	游戏规则
在空旷的场地上画一个大圆圈。	在熟悉玩法后，男"膏药"只能贴男生，女"膏药"只能贴女生，贴错的幼儿输。	男"膏药"只能贴男生，女"膏药"只能贴女生，贴错的幼儿输。

游戏片段实录

游戏开始，一姐和腾腾两个人奋力开跑。腾腾说："你是女孩子，我让你先跑。"说完，一姐赶紧围着外圈跑起来，腾腾停顿了几秒后，也开始追赶。大家都在喊：

"一姐加油！""腾腾加油！""一姐贴我这！"一姐快速跑了一圈后，看到腾腾快追上来了，赶紧找到女"膏药"贴了上去。

游戏行为分析

腾腾在游戏中对自己的耐力和奔跑速度判断准确，非常自信，自我认识度较高，也很有绅士风范，从小就有"女士优先"的意识，所以腾腾会有"我让你先跑"的反应。

一姐在游戏中也乐于挑战，游戏难度虽然升级，但她能准确判断，在游戏关键时刻快速反应，体现了大班幼儿能熟练掌握、主动遵守游戏规则，并对游戏的输赢特别重视的特点，在游戏中能快速找到获得胜利的方法，思维敏捷度提高了。

3. 第三阶段

"贴人游戏"第三阶段相关内容见表 4-21。

表 4-21　"贴人游戏"第三阶段相关内容

主要目标		
改变游戏玩法玩"贴人游戏"，红队幼儿只能贴红队，黄队幼儿只能贴黄队，激发兴趣，增加游戏趣味性。		
游戏材料	游戏玩法	游戏规则
户外空旷安全的场地、红黄两队标记。	将幼儿分成红黄两队，并给每个幼儿身上贴上红色或黄色的标记，交错站队，红队幼儿只能贴红队，黄队幼儿只能贴黄队，若贴错，则成为"医生"去追"膏药"，游戏继续。	红队幼儿只能贴红队，黄队幼儿只能贴黄队。

游戏片段实录

幼儿自由抽取标志贴并统一贴在右臂上，站好队后开始游戏。黄队轩轩出战，红队出战的是莱莱。游戏开始后，两名幼儿火速开跑，圈上的幼儿不停地喊："加油！""快贴到我这儿呀！"两个人跑了几圈后，莱莱体力明显有点跟不上了，教师在一旁小声提醒他："快贴到队友那去。"莱莱愣了几秒没找到同一颜色标志的队友。此时，轩轩跑上来了，立马抓住了他。轩轩得意地说："要是我就不会被抓。""为什么呀？"教师好奇地问。"因为我提前找到了和我一样标志的队友。"

游戏行为分析

用颜色标志找队友相对分"男""女"找队友目标变得更小，对幼儿的难度和挑战更大。当轩轩说出"我提前找到了和我一样标志的队友"时，可以看出，游戏不是瞎玩，而是有方法、有技巧的，他提前预设并找到了自己如果被抓可以贴到哪里，为自己提前想好了退路，不难看出，这是一个会玩游戏的孩子，在游戏中能"脑体"并用。他的这个方法也给后面的小朋友提供了游戏思路。

图 4-5　贴人游戏

（四）家园共育

亲子游戏：父母可以带孩子一起玩贴人游戏。

（五）活动评析

1."人"是游戏中最简单、最多变的材料

很多民间体育游戏是徒手游戏，不需要准备任何材料，"人"不仅是游戏的主体，还是游戏材料。"贴人游戏"材料是人，只在第三个阶段加入了简单的辅助材料：红黄标记。这种游戏材料简单、组织简单，给我们提供了一种思路，即人是游戏中最简单、最多变的游戏材料。

2.幼儿是游戏的主人，是游戏结果的判断者

大班幼儿有良好的规则意识，游戏的规则和输赢的判断都可以让幼儿来做主，体现了教师以幼儿为本的教育理念。

3.游戏玩法的创新满足了大班幼儿的挑战心理

大班幼儿无论是动作的灵敏性还是合作能力方面都有了很大的提高，他们在游戏中喜欢不断挑战。三个阶段的游戏层层递进，第一阶段重点是掌握游戏玩法，第二阶段增加任务意识，分男生、女生"贴膏药"，第三阶段是按颜色标记"贴膏药"，目标更细、更精准。游戏过程中玩法不断创新，提高了游戏的趣味性，符合大班幼儿乐于挑战的心理特征。

二、抽陀螺

（一）游戏背景

抽陀螺是我国古老的民间游戏，最早与之相关的有文字记载的是，宋朝一种类似陀螺的用手捻在盘中旋转的玩具，名为"千千"或"千千车"。北宋苏汉臣所画《婴戏图》，呈现了孩童用绳子抽打木质陀螺的游戏场景。明代《帝京景物略》中说，陀螺者，木制如小空钟，中实而无柄，绕以鞭之绳而无竹尺。卓于地，急掣其鞭，一掣，陀螺则转，无声也，视其缓而鞭之，转转无复往。[①]由此记载可知，在明代晚期的陀螺，已经和现代的陀螺在外形与玩法上相同。陀螺游戏规则简单，可独自游戏也可多人参与，形式灵活，流传甚广。陀螺流传至今，游戏方式更加多样。在民间游戏中，陀螺因材料易得，玩法简单，活动开展不受场地限制，趣味性强等优势受到幼儿的喜爱。

（二）教师预设活动目标

①感受抽陀螺成功的喜悦，体验和朋友一起竞技的快乐。
②通过抽打陀螺，锻炼手臂力量，提高手眼协调性。
③感受抽打陀螺的力量和陀螺转速之间的关系。

（三）游戏进程

1. 第一阶段

"抽陀螺"第一阶段相关内容见表 4-22。

表 4-22　"抽陀螺"第一阶段相关内容

主要目标		
掌握发陀螺的方法，体验打陀螺的快乐。		
游戏材料	游戏玩法	游戏规则
平坦的场地、每人一套陀螺游戏材料。	用鞭子在陀螺上绕圈，然后一手持陀螺，一手快速将绕在陀螺上的鞭子向外拉开，使陀螺在鞭子拉力的作用下高速旋转，然后用鞭子抽打陀螺，保持陀螺继续旋转，旋转时间长者获胜。	①游戏时注意保持与同伴之间的距离，避免鞭子伤到同伴；②陀螺旋转起来算成功。

---

① 崔乐泉：《图说中国体育》，233 页，西安，世界图书出版西安有限公司，2017。

游戏片段实录

第一次接触陀螺，幼儿对游戏材料感到很好奇，教师说："你们试一试，怎样使陀螺转起来。"幼儿拿着陀螺，有的把陀螺放在两手中间，挨着地面一撮，但是陀螺没有转起来，有的把绳子绕在陀螺上再抽掉绳子。天天和婷婷拿着绳子绕在陀螺上练习，婷婷把绳子缠在陀螺上，突然一抽鞭子，陀螺没有转起来。天天试了几次都没有成功，把陀螺往地上一放，生气地说："我不玩了，一点都不好玩。"老师说："我也来试试，你们看看。"于是，老师左手拿一个陀螺，右手用鞭绳绕在陀螺凹进去的地方，再放在地上，左手扶着陀螺，右手用力往后一拉鞭绳，陀螺转起来了，再用鞭绳抽陀螺，大家高兴得不停拍手，婷婷说："我也试一试。"她不停地绕鞭绳、抽鞭绳，突然陀螺转起来了，教师连忙说："快用鞭绳抽陀螺，让陀螺转起来。"婷婷连忙用鞭绳用力抽陀螺，可是鞭绳一挨到陀螺，陀螺就倒在地上不转了。这时教师说："你再试一试，鞭绳对准陀螺的身体抽，才能转起来。"婷婷又尝试绕陀螺抽陀螺，几次以后，陀螺终于在鞭绳的抽打下转起来了。天天一直在旁边看着，婷婷说："天天，可好玩了，你再试一试，一定能成功的，我们一起来玩。"天天在婷婷的鼓励下，又开始尝试转陀螺。

游戏分析

幼儿第一次接触陀螺都感到很新鲜，探索欲望强烈，乐于尝试。在练习发陀螺时，幼儿要同时掌握缠紧鞭绳后，一手持陀螺一手快速向外拉开的动作，这对于初次游戏者来说是一个难点，发陀螺成功能让幼儿获得成功感，但多次失败也会挫伤幼儿的积极性。天天经过几次尝试放弃了。这时，教师用示范的方法及时介入，不仅调动了幼儿的积极性，还教育了幼儿不怕困难、坚持下去的品质。婷婷是一个乐于探究、不怕失败的孩子，并能用自己成功的经验鼓励同伴，符合《指南》社会领域的目标：能想办法吸引同伴和自己一起游戏。

2. 第二阶段

"抽陀螺"第二阶段相关内容见表 4-23。

表 4-23　"抽陀螺"第二阶段相关内容

主要目标		
通过抽打使陀螺保持旋转，锻炼手臂力量，提高手眼协调性。		
游戏材料	游戏玩法	游戏规则
陀螺、鞭绳。	两人一组 PK 赛，陀螺旋转时间长者为胜。	①游戏时注意保持与同伴之间的距离，避免鞭绳伤到同伴；②比赛时两人同时发陀螺。

游戏片段实录

童童拿了一套陀螺及鞭绳，很娴熟地绕鞭绳、发陀螺、抽陀螺，陀螺转得很好。童童越抽越有劲，鞭子呼呼响，玩了3分钟左右，她来到正在抽陀螺的泽泽身边，神气地对泽泽说："我们比赛吧，看谁的陀螺转得久谁就赢。"泽泽停止抽陀螺，也神气地说："比就比，谁怕谁！"比赛时，豆豆说："我喊开始，你们一起发陀螺。"一场自发的陀螺比赛拉开了序幕。在小伙伴的加油声中，童童和泽泽都发陀螺成功，并开始抽打，童童抽打陀螺的频率不高，是抽一下停几秒，泽泽是快速不间断地抽打陀螺。大约2分钟后，童童的陀螺越转越慢，她赶紧加快抽陀螺的频率，但还是输了。童童说："我们再来，这次我抽鞭绳快一点。"泽泽说："好啊！"其他小朋友说："我们也来比一比。"于是，大家开始寻找小伙伴进行PK赛。

游戏分析

大班的幼儿对竞技类游戏感兴趣，幼儿解决了发陀螺技术难题后，怎样让陀螺转得更久又引起了他们的兴趣。童童和泽泽对自己抽陀螺的技术很自信，童童能主动邀赛，泽泽能大胆接受邀请，符合《指南》社会领域中的目标：能主动发起活动或在活动中出主意、想办法。童童不怕失败，并能在失败中反思自己的行为，是一个学习品质很好的孩子。游戏中，童童与泽泽自发的PK赛激发了大家对游戏的热情，游戏两两PK的方式更加激发了幼儿打陀螺的游戏兴趣，体现了大班幼儿喜欢竞技、乐于挑战、善于合作的年龄特点。

3.第三阶段

"抽陀螺"第三阶段相关内容见表4-24。

表4-24　"抽陀螺"第三阶段相关内容

主要目标		
竞技游戏中，比赛谁的陀螺转得最久。		
游戏材料	游戏玩法	游戏规则
起止线、陀螺、鞭绳。	从起点发陀螺，先把自己的陀螺抽打过终点线者为胜。	①游戏时注意保持与同伴之间的距离，避免鞭绳伤到同伴；②未到终点，陀螺停止旋转算输。

游戏片段实录

　　随着抽陀螺技巧的熟练，幼儿对抽陀螺的热情高涨，玩法也多了起来。在游戏中，顺顺一边抽陀螺一边走，吸引了不少小伙伴为他加油。在小伙伴的赞叹声中，童童在一旁说："我也可以边抽陀螺边走。"教师随即提出："还有谁想来试一试？"幼儿对于这个新玩法很感兴趣，童童说："我们一起打陀螺从起跑线出发吧。"豆豆说："要喊开始才能发陀螺。"天天说："老师当裁判。"大家你一句我一句地讨论着，把游戏玩法和规则都制定出来后便开始了比赛。第一轮有 8 名幼儿参赛，顺顺夺得第一，紧随其后的童童不服气："我是走慢了，再比一次。"

游戏行为分析

　　随着抽陀螺技巧的熟练，幼儿在游戏中获得的成功感越强，越不满足于"谁的陀螺打得久"这种较为简单的比赛方式，对游戏内容有了更高的需求。大班幼儿能自发制定游戏规则、游戏玩法，主动发起活动。教师及时介入，有效引导幼儿探寻新的游戏方式，吸引幼儿积极参与，符合大班幼儿乐于创新的学习品质。

图 4-6　抽陀螺

（四）家园共育

　　亲子活动：家长可以和幼儿比赛抽陀螺，在规定时间内谁的陀螺不停谁就赢了。

（五）活动评析

1. 顺应兴趣，共同进入抽陀螺的游戏世界

　　抽陀螺的游戏技能性较强，一旦学会了，就会在陀螺的不停旋转中获得无穷的乐趣和自信心。幼儿不满足于单一的个人玩法，自发邀请同伴进行多人竞技游戏，符合大班幼儿乐于挑战的年龄特点。教师一直以游戏者的身份支持幼儿游戏，和幼儿共同进入抽陀螺的游戏世界。

2.不断挑战，有趣的陀螺游戏大放异彩

在抽陀螺游戏中，有三个活动、三个层次、三个技巧的难点。第一个活动是单人游戏，难点是发陀螺，这套动作需要双手的良好协调与配合才能成功。第二个活动是双人游戏，难点是抽打陀螺的技巧练习。怎样让陀螺保持水平旋转时间长？在什么时间用鞭绳抽打？抽打陀螺的哪个部位效果最好？这些都需要幼儿在游戏中不断尝试与坚持，积累经验。第三个活动是赶陀螺，这个玩法在技巧上又提升了一个难度，不但在游戏中要保持陀螺的水平旋转，还要把陀螺抽到指定的地方。陀螺游戏玩法层层递进，每一层解决一个技巧，激发幼儿自发地不断挑战，符合大班幼儿的年龄特点，培养了幼儿在游戏中的坚持性。

3.乐于游戏，发展动作，愉悦心情

在抽陀螺的游戏中，首先，幼儿的动作协调性得到了发展。幼儿在发陀螺时，双手要相互配合，需要左右手动作协调才能完成发陀螺的动作，保证陀螺水平旋转。其次，幼儿的反应能力与手臂力量也得到了练习。幼儿在抽打陀螺时，需要及时捕捉陀螺旋转速度的改变，及时抽打以保持陀螺的继续旋转。在抽打过程中，幼儿的手臂力量也得到了锻炼。更重要的是，挑战的成功、陀螺的旋转、同伴的竞技都陶冶了幼儿的情操，让幼儿心情愉悦。

> **小贴士**
> 游戏后重点放松手臂肌肉。

三、旱地龙舟

（一）游戏背景

划龙舟是屈原故里最大的群众性集会，锣声一响，歌曲一唱，随着"我哥回"的声声呼唤，十里八乡聚集到西陵峡两岸，用划龙舟这种最古老、最隆重的方式纪念屈原。这种活动能放松身心，激发奋发向上、勇于拼搏的斗志，培养团结和谐、齐心聚力的团队意识。为了让幼儿从小感受划龙舟的魅力，我们根据划龙舟集体参赛的性质，把水上龙舟移植到陆地，利用废旧的长凳、木板、水桶等，不仅让幼儿体验民间体育游戏的乐趣，感受集体竞技游戏的魅力，还能让幼儿从活动中体悟民间体育游戏的运动智慧。

（二）教师预设活动目标

①增强集体合作意识，感受集体划龙舟游戏的快乐。

②锻炼腿部力量和手部力量。

③学习在集体中和同伴一起跟随节奏双腿蹲跳前行的方法。

（三）游戏进程

1. 第一阶段

"旱地龙舟"第一阶段相关内容见表4-25。

表 4-25   "旱地龙舟"第一阶段相关内容

主要目标		
能步调一致地持物和同伴快速走。		
游戏材料	游戏玩法	游戏规则
长凳3条、鼓及鼓槌3套。	3组幼儿竞赛，从起点线出发，每组5~6名幼儿一个方向站成一竖排，将长凳放置两腿之间，双手抬着长凳一起前行，最先到达终点的那组第一名幼儿敲响鼓为胜。	①听到口令后才能出发，长凳的最前方碰到终点线才算到达终点；②每组人数要一样多。

游戏片段实录

听到口令后，每组幼儿迫不及待地抬着长凳往前走，长凳在幼儿两腿之间不停地晃动，幼儿双脚的步调也不一致。第一组，乐乐踢到了前面思思的脚，差点摔倒。乐乐说："思思，你要快点。"思思说："我走不快了。"乐乐说："你的腿太短了，我的比你长，走快些。"这时，教师说："高个子的可以把腰弯下去一点，矮个子的可以挺直腰。"乐乐连忙把腰弯下去了一点，手臂也随着弯了一点，步子也没迈得那么长了。第一组最先到达终点。乐乐说："幸好我把腰弯了一点，就和大家一样高了！"另外两组幼儿不服气，说要再比一轮。

游戏行为分析

大班幼儿好胜心强，喜欢集体竞技游戏。在游戏过程中，有集体合作意识，但是怎样合作尚不明晰方法，导致出现了步伐不一、险些摔倒的现象。但是，通过教师的提醒，幼儿能马上调整自己的状态，让自己的步伐、动作能和游戏规则、方法切合，体现了大班幼儿良好的反思能力和学习品质。

2. 第二阶段

"旱地龙舟"第二阶段相关内容见表 4-26。

表 4-26　"旱地龙舟"第二阶段相关内容

主要目标		
能和同伴保持一样的节奏，持物蹲跳前行。		
游戏材料	游戏玩法	游戏规则
长凳3条、鼓及鼓槌3套。	3组幼儿竞赛，从起点线出发，每组5～6名幼儿坐在长凳上随节奏或口号抬着长凳蹲跳前行，最先到达终点的那组第一名幼儿敲响鼓为胜。	①听到口令后才能出发，长凳的最前方碰到终点线才算到达终点；②每组人数要一样多。

游戏片段实录

第二组最开始全是女孩，亮亮说："女孩子手没力气，我到第二组吧。"于是，朵朵和亮亮换了位置，第二组4名女孩、1名男孩。听到口令，三组幼儿抬着长凳往前蹲跳前行，可是步调总不一致，长凳时而上时而下，亮亮对他们组的小朋友说："你们听我的，我说1，大家往前跳，我说2，大家就放下长凳蹲下来。"于是，亮亮大声喊着口号："1—2—1。"第二组的4名女孩随着亮亮的口号步调一致地往前蹲跳前行，第二组最先到达终点。亮亮神气地对另外两组的小朋友说："你们要有一个喊口号的，这样才会赢！"教师说："亮亮说得对，我们一定要听口号，步调一致才会赢。"

游戏行为分析

幼儿游戏的过程也是探究游戏方法的过程。在游戏中，大班幼儿有了发现问题和解决问题的能力，而且游戏中的领袖类人物也逐渐凸显。本次游戏片段，亮亮不仅能考虑到男女在力量上的差别，还能发现在集体游戏中出现的问题，并且知道要调整自己的游戏行为以达到游戏的最佳效果，"心往一处想，劲往一处使"的团队合作意识和合作方法初步形成，也符合《指南》社会领域中的目标：能在活动中出主意、想办法。

3. 第三阶段

"旱地龙舟"第三阶段相关内容见表4-27。

表4-27 "旱地龙舟"第三阶段相关内容

主要目标		
明晰在集体合作中的不同任务，并能有效调整船头的方向，获得成功。		
游戏材料	游戏玩法	游戏规则
较宽的木板3块、饮水桶6个、大鼓3面。	幼儿分成2～3队，将木板分别放在2个饮水桶上，2名幼儿坐在木板上，前面幼儿敲鼓助威，另外2名幼儿在后推动木板前进，2名幼儿分别将滚动的饮水桶挪至木板下方，最先到达目的地的获胜。	①听到口令后才能出发，木板的最前方碰到终点线才算到达终点；②每组人数要一样多。

游戏片段实录

听到口令后，木板上的幼儿不停地敲鼓呐喊："加油啊，快点！"后面推木板的2名幼儿用力往前推，旁边的幼儿等木板往前移动后，迅速拿起后面的水桶放在木板前下方。第一组眼看快到终点了，可是下面的水桶偏离了方向，不是直线滚动了，放水桶的可可马上把木板的方向推正了，第一组最先到达终点，大家欢呼雀跃。教师启发幼儿："为什么他们会赢呢？"有的说："他们的劲儿大一些。"有的说："他们的鼓敲得最响，听着就有劲。"有的说："他们坐在船上的是女孩，轻一些。"这时可可说："你们的船头偏了，很费劲，我们的也偏了，但我把它扳正了！"教师这时要幼儿都看看船头的方向，并引导他们："不仅要学会同时用力，还要学会观察，直线距离是最近的。"大家要求再比一次。

游戏行为分析

在这个片段中，水桶和木板的"对话"碰撞出了幼儿智慧的火花。在游戏过程中，可可不仅关注了"船"行驶的速度，还关注了"船头"的方向，她的观察能力和反思能力很强，日常生活中肯定也有类似的经验积累。其他幼儿的讨论也反映了幼儿对游戏结果的思考，要想"龙舟"最先到达终点，船上人的重量、号子叫喊的气势、手臂力量都会影响输赢，也体现了幼儿经验的积累。游戏的过程就是学习的过程，游戏中的思考会让幼儿慢慢懂得：任何事情既要认真做又要善于思考并及时调整。

（四）家园共育

亲子游戏：家长和幼儿可以在家中各骑一张小板凳，看谁先到终点。

小贴士

1. 游戏前做好热身运动，重点活动膝关节。
2. 为保护幼儿臀部，第二阶段游戏的长凳用海绵包裹起来。

（五）活动评析

1.游戏材料符合幼儿年龄特点，并和游戏玩法相匹配

首先，"旱地龙舟"材料简单，都是利用环保的废旧物品，随手拈来，能拓展幼儿的思维，并能帮助幼儿养成关注身边生活的习惯，树立环保理念。其次，材料的巧妙利用符合大班幼儿喜欢竞争、乐于创造、善于合作的特点。不管是长凳还是木板都是有利于合作和竞争的材料，和游戏玩法非常吻合。

2.游戏玩法呈递进式发展，体现了经验的积累和运动智慧的习得

从第一个游戏抬着长凳集体前行，到第二个游戏蹲跳前行，再到第三个游戏三种角色合力前行，游戏难度层层递进，每一个游戏都能在前面的基础上获得经验。第二个游戏在第一个游戏的基础上感知了集体步调一致才能赢，第三个游戏在前两个游戏的基础上逐渐感知不仅要推木板的、移水桶的、敲鼓的几方合力，还要善于观察，及时调整方向，体验直线距离最短等运动智慧。

3.感悟游戏中集体和谐合作才能获得游戏成功

三个游戏都是只有集体合作才能获得最后的胜利。大班幼儿虽然有集体合作的愿望，但是运动中体现集体合作的智慧还需进一步感悟和体验。在第二个游戏中，亮亮感悟到了喊口号可以步调一致，促进了蹲跳前行的动作发展。在第三个游戏中，可可感悟到了直线距离最短，及时调整了"船头"的方向，后面推船的幼儿使劲时也注意到了运动的方向，这些都是幼儿通过游戏和操作积累的经验，也正因为有了这些经验才让运动真正达成了"脑体双优"，并使幼儿通过集体合作和感悟运动智慧而体验游戏成功的快乐。

扫码观看《大班民间体育游戏："旱地龙舟"》

第五章
幼儿园运动区域活动案例及分析 ·············· ≫

一、班级室内运动区域活动案例及分析

（一）小班活动：可爱的小动物

1. 设计思路

本案例的选材源于小班主题活动"可爱的小动物"，师幼借助"和动物玩游戏"这一游戏情境及"动物"的不同特点，引发幼儿尝试用轻便低结构的材料及室内物品，如桌椅、泡沫垫、书包柜等，就地取材，师幼一起创设喜欢的区域游戏，发展钻爬、跳、投掷等动作，提高身体协调、平衡等能力。

2. 活动目标

①乐意尝试扮演小动物，积极与同伴参加室内区域游戏。

②能在区域中练习钻爬、跳、投掷等动作，提高身体协调、平衡等能力。

③尝试和老师一起摆放材料，学会利用器械在教室里创设自己喜欢的区域。

3. 活动准备

音乐准备：热身音乐《无敌小可爱》；游戏音乐《向快乐出发》《吹泡泡》；放松音乐《我爱我的动物》。

材料准备：

材料准备如图 5-1 所示。

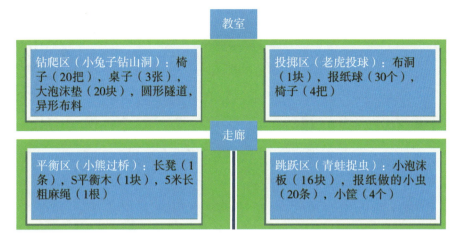

图 5-1　"可爱的小动物"材料准备

4. 活动过程

（1）创设情境，激发兴趣

教师创设小动物游戏情境，模仿小动物的动作，带领幼儿进行游戏前的热身运动，舒展身体，活动其筋骨，激发其兴趣。

（2）参观活动室和走廊，跟随教师介绍，了解运动材料

师："'小兔子钻山洞'区有椅子、桌子、大泡沫垫、迷彩网；'老虎投球'区有布洞、报纸球和椅子；'小熊过桥'区有长凳、平衡木、长粗麻绳；'青蛙捉虫'区有小泡沫板、报纸做的小虫、小筐子。等会儿请你变成你喜欢的小动物，去创设自己喜欢的游戏区。"

（3）师幼共同摆放材料，幼儿说出自己的想法，创设游戏区域

"小兔子钻山洞"区：摆放两个不同的山洞。

"老虎投球"区：将布洞挂在活动室墙上，距离布洞2米处摆椅子做投掷点。

"小熊过桥"区：并排摆放两座不同的"独木桥"（长凳、S平衡木）。

"青蛙捉虫"区：用泡沫板设计两条不同长度的路。泡沫板前后之间的间距在50~90厘米不等，将自制"小虫"装进小筐子里，放在终点。

（4）自主探究游戏玩法

师："小兔子钻山洞、老虎投球、小熊过桥、青蛙捉虫游戏怎么玩呢？你们试一试吧。"

（5）进区游戏，反复尝试，体验游戏的乐趣

第一轮游戏，进入自己创设的区域游戏，教师观察指导并小结。

师："在游戏中遇到什么困难，玩了什么游戏，还想玩什么游戏？"

第二轮游戏，自主选择其他的区域游戏，教师观察指导并小结。

（6）放松身心，小结梳理，结束游戏

师："今天一共去了几个区，玩了什么游戏，遇到了什么问题，你是如何解决的呢？"

扫码观看《班级室内运动区域活动》

【游戏片段及分析】

游戏片段1：投掷区（老虎投球）

观察对象：小（一）班10名幼儿

观察场地：小（一）班投掷区——老虎投球

乐乐在椅子后向布洞内投了很多次报纸球，可一直没有投进布洞。于是，他每投一次就往前走一点，已经快走到布洞的面前了，刘老师见状对他说："小老虎如果超出起点线，就会被电晕哦！"

乐乐听了老师的话后，走到椅子后投掷。老师继续在旁边观察，乐乐几次都没投进，老师说："我们来比赛看谁能投进去吧！谁先来？"乐乐说："我先来。"乐乐用原来的动作并没有投进去，老师说："伸展你的手臂，然后手高高举起来，瞄准洞的地方，仔细看我的动作，看我能不能投进去。"乐乐在旁边盯着，学着老师的样子，将手举在耳后，用力往前扔，将报纸球投进了布洞。老师说："小老虎真棒，再试一试。"乐乐练习了几次后便投得更远了。

教师的思考

第一，基于情境性进行观察指导。教师的指导是以观察为基础的，教师一开始看到乐乐已经走到了布洞前，便以角色"小老虎"的身份和语气提醒乐乐遵守规则。当教师发现乐乐没有掌握投掷的动作要领，同样采取了平行参与及情境化的语言来指导。第二，幼儿在游戏中是积极的、主动的。在活动中虽然乐乐几次都没有成功，但他不放弃，侧面反映了教师提供的游戏材料和创设的情境是符合幼儿年龄特点的。

游戏片段2：小兔子钻山洞

观察对象：小（一）班8名幼儿

观察场地：小（一）班钻爬区——小兔子钻山洞

在钻爬区玩游戏时，东东看到了圆形的隧道对琪琪说："我们变成小兔子，竖起耳朵，钻过山洞吧！"琪琪说："好啊。"于是，他们将圆形的隧道摆好，学着小兔子的样子钻进了圆形的隧道。过了一会儿，汐汐说："我们有圆形隧道，那会不会有三角形的隧道呢？"豆子说："可能有吧！但是怎么把它变出来呢？"汐汐说："我们有泡沫垫，可不可以拼出来？我们来试一试吧！"试了几次，都没有成功，刘老师看到后走了过来，蹲下身子，在一旁拼搭，大家观察刘老师拼搭的方式，先拼三块垫子，再把两边的往中间搭，就变成了一个尖尖的三角形。过了一会儿，大家把搭好的三角形放在了一起，继续玩钻山洞的游戏。过了一会儿后，军军发现了旁边的异形布料，说："你们快来看，这里有一块布，这块布也有一个口子，我们可以试着钻进去。"军军往里面边钻边说："布料会贴在身上，看不到布料的出口时，有些黑黑的，挺可怕的！"区域里的小朋友对这块异形布做的山洞都非常感兴趣，但是他们也有顾虑，觉得爬起来没有那么简单。教师见状，说："勇敢的'小兔子'快来冒险吧！里面说不定有新的发现哦！"在教师的鼓励下，不少"小兔子"接受了新的挑战，勇敢地爬了过去。

图 5-2　小兔子钻山洞 1　　　　图 5-3　小兔子钻山洞 2

教师的思考

第一，低结构材料促进幼儿创新。幼儿通过玩圆形的隧道，联想到了三角形的隧道，教师提供的泡沫垫则让幼儿的这一想法有了实现的可能，低结构材料的可塑性强、变化性强，能够满足幼儿更多的需求。第二，平行介入方式促进幼儿发展。在游戏中，幼儿在怎么用泡沫垫拼搭出三角形山洞的问题上遇到了困难，导致游戏难以进行，教师则以平行参与游戏的方式为幼儿示范，使幼儿通过观察模仿，主动学习，获得发展。

游戏片段 3：青蛙捉虫

观察对象：小（一）班 12 名幼儿

观察场地：小（一）班跳跃区——青蛙捉虫

幼儿在起点站成两队，每次每队都有一只"小青蛙"跳荷叶，"小青蛙"们跳过泡沫板，到终点捉一条"小虫"，然后学"小青蛙"游回来，把"小虫"放进起点的筐子里，再继续排队，玩游戏。

浩宇玩完了游戏后，就直接插在队伍的中间，旭旭站在后面便开始推搡，老师见状，问道："发生了什么事？"浩宇说："他推我。"旭旭说："哼，他没排队。"浩宇："我排队了。"这时豆子说："浩宇插队了，老师说了小青蛙要从队伍后面开始排队。"老师对豆子投去了赞许的目光，说道："小青蛙是要跟着朋友排队的，从队伍的最后面开始排，这样不会打乱青蛙的队伍，还能更快吃到小虫子。"浩宇听了老师的话，走到了队伍的最后面排队，旭旭也若有所思，说："好的。"于是，他们又开心地开始了游戏。

图 5-4　青蛙捉虫

教师思考

抓住教育契机，树立榜样。遵守规则是游戏正常进行的保证，小班幼儿刚入园，规则意识还在逐步建立中，区域游戏中蕴含了许多运动习惯及规则要求。在游戏中，每个幼儿对于游戏规则的理解和遵守程度是不同的，教师在指导时，与其苦口婆心地说教，不如像案例中的教师一样，采用正面的语言，肯定遵守游戏规则的幼儿，树立榜样，让幼儿在观察同伴的行为中建立规则意识。

5. 家园共育

家长在家可利用报纸自制报纸球，使用 3 个不同型号的玩具筐或盆子，鼓励幼儿进行投掷游戏，游戏过程中家长和幼儿可扮演小动物进行游戏。

6. 活动评析

（1）材料投放，隐含教育价值

材料的投放不是越多越好，在"青蛙捉虫""老虎投球""小兔子钻山洞"等区域游戏开展前，教师基于幼儿的情况，提供隐含教育价值及能引发幼儿投掷、跳跃等动作练习的材料，有利于幼儿在自主创作活动中进行综合动作的练习。

（2）区域间隔，调节运动强度和密度

在师幼共同创设区域时，教师注重引导，将动作强度大的钻爬区和跳跃区间隔设置，与动作强度相对较少的平衡区和投掷区进行搭配，达到上肢和下肢动作的均衡，有效调节幼儿的运动强度和密度。

（3）平行指导，尊重个体差异

在游戏情境中，教师以角色身份平行参与幼儿的游戏。例如，"老虎投球"——

投掷区教师在幼儿投球屡次失败的情况下，以平行介入方式进行动作要领的讲解示范。用比赛的游戏，激发幼儿的兴趣，让幼儿产生学习的欲望。面对游戏的不同挑战，教师尊重幼儿的选择，鼓励他们积极参与游戏。例如，在"小兔子钻山洞"游戏中，幼儿面对圆形隧道、异形布料、三角形泡沫垫三种不同型号的"山洞"时，对难一点的异形布"山洞"产生了畏难情绪，教师一方面尊重幼儿的个体差异，另一方面不断用语言鼓励、眼神暗示等方式鼓励幼儿积极尝试。

（二）中班活动：野外突击

1.设计思路

此次区域活动选材源于中班主题活动"多彩的秋天"。在此主题活动开展时，我们组织幼儿进行了一次秋游活动，从幼儿园出发步行至烈士公园，途中经过了省军区，幼儿看到了威风神气的解放军叔叔，萌发了扮演"小士兵"的强烈愿望。幼儿进入中班，他们动作发展更协调、更灵活，对探险等具有挑战的游戏也比较感兴趣。本次活动基于幼儿的年龄特点和兴趣需要，创设了"野外突击"情境，幼儿通过扮演角色，自主创设游戏区参与游戏，发展爬、走、投、钻等动作，乐在情境中、乐在挑战中。

2.活动目标

①愿意以"小士兵"的角色和同伴一起游戏，体验野外突击的挑战。

②能利用各种材料大胆创设区域，在区域活动中锻炼爬、投、走、钻等动作，提高身体的运动能力和协调能力。

③知道遵守游戏规则，养成良好的运动品质。

3.活动准备

音乐准备：热身音乐《娃哈哈》；游戏音乐《学猫叫》《勇敢小兵》；放松音乐《宝贝宝贝》。

材料准备：

材料准备如图 5-5 所示。

图 5-5　"野外突击"材料准备

4.活动过程（同上）

【游戏片段及分析】

游戏片段1：翻越地雷

观察对象：中（四）班15名幼儿

观察地点：中（四）班平衡区——翻越"地雷"

区域内有15名幼儿，幼儿站在起点处，踩着塑料高跷依次绕行穿过可乐瓶。不能碰到可乐瓶，否则就踩到地雷了。

在进行第二次游戏的创设时，涵涵说："我们把'地雷'摆成一个爱心吧，然后我们从爱心的外面踩着高跷走。"涵涵喊其他几个幼儿一起摆放"地雷阵"，玩了一会儿后，墨墨说："我觉得这个没什么意思，太简单了，我们玩难一点儿的游戏吧！"她开始摆可乐瓶，后来又有其他的小朋友加入，和她一起摆。此时，"地雷阵"变得错综复杂，"地雷"像一个八卦阵，零散地摆在地上。摆好后，墨墨说："你们看看我怎么玩？"她踩上塑料高跷，将脚抬起来，跨过了每个"地雷"，还数数："1、2、3、4、5、6、7、8、9、10，总共跨过了10个雷。"涵涵也过来用高跷走过每一个"地雷"，边走边说："1、2、3、4、5、6、7、8，哦，我只跨过了8个雷，就掉下来了，比你刚才跨过去的地雷少一点。"其他幼儿也开始学着他们玩，从起点的位置踩着高跷看谁跨过的地雷更多一点。

图5-6 翻越地雷1

图5-7 翻越地雷2

图5-8 翻越地雷3

注意幼儿脚下的安全，防止幼儿踩空摔跤受伤。

教师思考

拓展了数学经验。在排除地雷的游戏中，通过比一比谁排除的地雷多，引发了数字点数的契机。在游戏中，我们可以看出墨墨能在排除地雷后，运用点数的经验来数自己排除地雷的数量。可见，幼儿能发散思维，拓展游戏经验。后来，涵涵发现，自己排除的雷比墨墨少，在潜移默化中进行了数量的比较，在游戏中幼儿相互模仿学习和体验，不仅发展了自己的平衡能力，提高了身体的灵活性，还迁移、拓展了幼儿的数学学习。

游戏片段2：排除地雷

观察对象：中（四）班10名幼儿

观察地点：中（四）班综合区——排除地雷

区域内有10名幼儿，他们在寝室的角落里找藏起来的沙包，玩得不亦乐乎。泽泽跟宸宸说："我们来比赛吧！看看谁找得多。"宸宸说："好，我要找很多很多沙包。"过了5分钟，泽泽喊宸宸："我们来比一下，我数了我的，有7个，你的呢？"宸宸说："我找到了很多个。"泽泽说："你要数一数。"于是泽泽和宸宸一起将地上的沙包一个一个地数了起来。泽泽说："有6个，我比你多一个，我赢了。"宸宸说："那我还要去找，要比你多。"

第二轮游戏时，小溪说："我们玩丢沙包的游戏吧，我们小班的时候玩过。"麟麟说："好呀，但是需要一条线，我们要站在线后面丢，比比谁丢得远。"滋滋说："没有线，我们可以用凳子来代替，站在凳子后面丢。"小溪接着说："这里有呼啦圈，我们把呼啦圈摆好，看谁能丢进呼啦圈里？"滋滋丢了一次后，发现小溪摆的呼啦圈太远了，她丢不进去，又拿了一个呼啦圈摆得近了一点。

教师思考

幼儿在游戏中和同伴比多少，发展了点数能力。同时，解决问题的能力也得到了提升，幼儿想要创设新的游戏玩法，调动以往游戏经验，需要一个标志来做参考，没有线的时候能够利用已有的材料——椅子来作为起点，充分利用了教师提供的材料，并能根据自己的能力调整目标物的远近，遇到问题时能动脑筋，积极想办法解决。

游戏片段3：套住敌人

观察对象：中（四）班 10 名幼儿

观察地点：中（四）班投掷区——套住敌人

区域里面有 10 名幼儿，他们站在椅子外面，拿圈去套用椅子围起来的易拉罐。茂茂套了几次都没套住，圈总是投过了易拉罐，他准备离开，这次老师走过来说："茂茂别急，你再瞄准，投圈的时候轻一点。"茂茂听了老师的话，再拿起一个圈，这次没急着投出去，看了又看，瞄准一个易拉罐，轻轻往前一丢，终于套住了易拉罐，他高兴地跳起来说："我投中了！我套住敌人了！"

图 5-9　套住敌人

教师思考

茂茂是一个性子比较急的孩子，最开始在游戏中没有过多的思考，以致难以完成游戏任务。在幼儿游戏时，教师除了观察，更要给予支持。在幼儿游戏受到挫折时、丧失对游戏的兴趣时，教师要及时给予支持。活动中，教师的语言提示，是基于对幼儿游戏行为的观察做出的判断，给予了幼儿重新游戏、掌握游戏方法、获得游戏经验、体验成功快乐的支架。

5. 家园共育

亲子游戏：家长可在家利用牛奶瓶自制梅花桩当"小桥"，利用卫生纸筒等材料当"地雷"，设置"扫雷障碍"区，和幼儿一起玩"勇渡小桥"的游戏，发展动作和身体协调能力。

6. 活动评析

（1）提供低结构、轻便的材料，激发幼儿的想象力

活动中，教师在区域中提供了可乐瓶、高跷、沙包、彩圈、椅子等材料，这些材料都是低结构的，也比较轻便。幼儿在游戏时容易利用这些低结构材料进行器械之间的组合、连接。案例中，我们看到幼儿活动时，将彩圈当作"皇冠"，可见他们还在游戏过程中进行了大胆的创意，赋予材料和游戏一些情境，促进了其想象力和创造力的提升。

（2）自主创设游戏玩法，提高幼儿的交往能力

在翻越地雷的游戏区域里，幼儿利用饮料瓶摆出了很多的造型，踩着塑料高跷先是直线跨，其后是曲线跨，再是在无序的"八卦阵"内跨，从易到难、从简单到复杂。可以看出，幼儿在自主创设游戏玩法时，不断地创造、创新玩法，"八卦阵"的出现意味着游戏情境更加深入，说明幼儿的游戏水平得到了提高，幼儿的社会交往能力也得到了充分发展。

（3）自然整合数学知识，实现领域间的融合

活动中，自然整合数学知识，并比较谁多谁少，体现了在游戏中学习和交往的理念。

（三）大班活动：玩转教室

1.设计思路

运动能增强幼儿体质，促进幼儿健康，特殊天气下幼儿运动受到了一定影响，组织幼儿进行室内活动，对空间布局、材料投放等进行再设计；组织方式上试着开放式管理，体现幼儿的主体作用，同时实现了室内运动对原有运动课程的有益补充。大班幼儿的运动能力日趋成熟，合作意识和竞技意识有所增强。本次活动根据大班幼儿爱挑战、具有自主创造的年龄特点，我们选取了他们熟悉的教室作为场地，提供"游戏盒子"里轻便、可移动的陀螺、纸盒、乒乓球拍、塑料高跷等轻便的器械以及教室的桌椅等固定器材，鼓励幼儿自主开发和创设运动场地，利用身边的材料来进行游戏。不仅激发了幼儿参与活动的兴趣，锻炼了幼儿的运动能力，还有效地提升了幼儿的交往、合作能力，有助于他们在游戏中学会发现问题、解决问题。

2.活动目标

①愿意和同伴一起合作，体验自主游戏的快乐、有趣。

②能在区域中和同伴一起主动思考，合作完成游戏场地的布置及材料的摆放。

③在自主搭建的区域中进行自主游戏，练习综合动作。

3.活动准备

音乐准备：热身音乐《Bar Bar Bar》；游戏音乐《牛奶歌》《小跳蛙》；放松音乐《金色童年》。

材料准备：

材料准备如图5-10所示。

图5-10　"玩转教室"材料准备

（四）活动过程

1. 根据音乐进行游戏前的热身，舒展身体，活动筋骨

2. 谈话交流，根据材料讨论玩法

教师：今天是雾霾天气，我们在教室进行室内运动区域活动。我们教室里有许多的桌椅，还有走廊上的"游戏盒子"里有纸盒、陀螺、塑料高跷、乒乓球和球拍等材料，大家想利用这些材料怎么玩呢？

3. 幼儿自主选区，进行第一轮材料的摆放和游戏，教师进区指导

4. 20 分钟后结束第一轮游戏，进行小结

教师：刚刚你用了什么材料创设了什么游戏？遇到了什么问题？是怎么解决的？接下来还想玩什么游戏？

5. 接着第二轮游戏，鼓励幼儿继续进行创设和游戏，教师进区指导

6. 游戏结束，听音乐进行放松运动，教师小结本次活动

①听音乐放松身体。

②教师小结。

教师：今天你玩了哪些材料？还有什么材料是你下次想玩的？

（五）游戏片段

游戏片段 1：桌椅游戏乐

观察对象：大（一）班 20 名幼儿

观察地点：大（一）班教室

教室有 25 个人选择桌子、椅子和海绵垫来玩游戏。其中有 5 个幼儿走到了电视机旁将两张桌子推到教室东面的墙边，将桌子和玩具柜连在一起，然后在桌子后面站一列排队，从桌子上走过，爬上玩具柜，再从玩具柜上跳下来。小洁说："好像跳伞一样，真好玩。"幼儿将教室分为两个区域。十几个幼儿将 4 张桌子拼在一起作为底部，小西说："我们的这个赛道太平坦了，要不把桌子叠高一点，我们来爬山吧！"确定后，用拉力带将 4 张桌子捆紧，请老师帮忙把另 1 张桌子叠在 4 张桌子的上面做成了"山"。艺博说："我想到了一个更好玩的游戏，我们从桌子下爬，像军人一样爬吧！"真真说："桌子上面这么高，像跳伞一样，好刺激，桌子下面像山洞一样，真好玩。"另一个区域，8 个幼儿将椅子摆成一条蜈蚣赛道，将椅背两两合并，中间留一条空道，将椅子横向排列一行摆放一条"障碍道"，幼儿从椅子上双腿跨过去但是不能挨到中间的"障碍道"。恺恺说："闵哲，你不要碰到小蜈蚣啦。"另一边，4 个幼儿将桌子搬到了阳台。欣欣说："我们来推乒乓球。"说着，大家用胶带贴在桌子中间做了一条分割线，然后来回推拉乒乓球玩游戏。

教师思考

支持幼儿，为幼儿"保驾护航"。步入大班的幼儿，喜欢参与具有挑战性的游戏，这时候教师就要做好"保驾护航"工作，在安全可控范围内，允许幼儿做具有挑战性的动作，培养幼儿勇敢的学习品质。

游戏片段 2：好玩的陀螺

观察对象：大（一）班 15 名幼儿

观察地点：大（一）班活动室

15 名幼儿选择了陀螺，睿睿说："我想让陀螺在地上转起来。"清清说："可是一个人玩陀螺没意思，我们来比赛吧！看谁的陀螺转得更久。"有 4 个小朋友同意了，于是他们开始了陀螺比赛。

第二轮游戏时，扬扬玩起了陀螺绳子，在地上甩来甩去，嘉伟一下子跨过了绳子，这一动作引起了区域里其他幼儿的注意，也加入了进来，跟着一起跳。过了一会儿，他们发现一个人甩绳子其他人跳太挤了，那个甩绳子的人太辛苦了。

扬扬说："你们还记得我们的课间操吗？有一个动作是男孩坐在地上，把脚并拢变成直线。然后女孩从男孩的脚上跨过去。"

嘉伟："这个游戏好玩，我们 3 个人甩绳子，你们 3 个到后面排队，要跨过我们 3 关，才算赢，赢了以后再去和另外一队的人比赛打陀螺。"于是，幼儿分成了 2 队，每队 3 个甩绳子的，其余的小朋友跨绳子，跨过后回到起点，和下一个小朋友击掌，游戏依次进行，等到每队最后 1 个队员跨过绳子，便开始打陀螺。看谁在规定时间里打的陀螺数量多。

教师思考

相信幼儿，静候花开。在这个片段里，我们可以看出，幼儿的游戏水平较高，能够两两合作，还能够多人合作，很有团队意识。幼儿从单纯的转陀螺比赛到发现陀螺绳子的妙用，再到将陀螺绳子运用到游戏中，变成了两队之间的比赛。幼儿的游戏从简单到复杂，教师没有干预，而是在一旁静静观察，幼儿最后自己结合生活经验，创设出了好玩的、有意思的游戏。

游戏片段 3：百变纸盒

观察对象：大（一）班 14 名幼儿

观察地点：大（一）班走廊

两次游戏共有 8 人选择了纸盒和塑料高跷的材料。进区后，小镁说："我们来玩跳房子游戏吧？"小畅说："好的，我们用纸盒搭成房子，跳过房子。"泽泽说："那我们从这里开始跳。"说着，他们拿起纸盒搭成了房子。商量好规则后，大家便开始了游戏。玩了一轮后，有几个小朋友去拿游戏盒子中间的塑料高跷，大家开始七嘴八舌地讨论，铭铭说："我们来踩高跷绕过房子吧。"墨墨说："我们可以怎么玩呢？"铭铭说："我们去拿高跷，然后绕过房子走过去！"说着每人拿了一副塑料高跷，绕着搭建的房子走了起来。

教师思考

第一，教师"无条件"支持幼儿。在游戏片段中幼儿想出的游戏玩法，在安全能够得到保证的前提下，教师都是鼓励幼儿进行大胆尝试。同时，教师在活动中给予幼儿及时的支持，及时引导，将游戏的玩法变得更安全、更丰富。第二，幼儿是爱思考、爱行动的。幼儿进入区域后，积极地创设游戏，出现了问题之后积极思考原因，愿意动脑筋，有了想法便积极行动，行动力超强。

（六）活动评析

1. 注重幼儿的自主性、创造性

在游戏中，幼儿自己确定玩的游戏、自主摆放材料和自主进行游戏。在整个过程中，可以看出幼儿的积极性得到了大大的提高，同时在活动中其坚持性、专注性较强，并且幼儿自己一直在思考，创设出自己和同伴喜欢的游戏，遇到问题，解决问题，在和同伴积极的互动中，增强了解决问题的能力。

2. 幼儿游戏经验丰富，创造性地开展游戏

幼儿利用桌子和软垫创造性地进行玩转桌椅的游戏，从一开始在一张桌子上走，到有钻山洞、跳伞的游戏，可以看出他们的游戏是从易到难的。在游戏过程中，幼儿锻炼了勇气，尝试克服自己的恐惧，完成挑战。在百变纸盒游戏中，幼儿利用低结构材料创意拼搭，然后利用塑料高跷，绕障碍走，这也充分说明幼儿的游戏经验是十分丰富的。

3. 收放自如，让幼儿解决问题

教师充分利用了教室、走廊、阳台的空间和班级可移动、轻便的材料进行自主拼搭、自主游戏。例如，利用可移动的桌子和胶带来创设打乒乓球的游戏台子玩游戏，幼儿借助桌椅进行高下跳的游戏，将软垫摆放在适宜的地方，营造了健康、安全的环境和氛围，在"放手"的同时，教师心里也是"有谱"的。

二、混龄室内运动区域活动案例及分析

我和动物大联欢

1. 设计思路

雾霾、梅雨、寒冷、炎热等特殊天气，限制了部分材料在户外运动区域活动中的运用，且室内运动受到空间及大型器械不便于移动等因素的影响。基于此，教师有效开发和利用室内空间及固定材料资源，小型可移动的材料一物多玩，以促进幼儿园室内运动区域活动的自主性、多样性、趣味性。本次活动的主题是"我和动物大联欢"，基于每个年龄阶段的幼儿学习活动体系中"动物"主题的推进和延伸（小班上学期主题五"可爱的小动物"、中班下学期主题二"动物世界"、大班上学期主题三"身边的动植物"），以"我和动物玩游戏"的情境，以"大带小"的串班游戏形式，加强幼儿之间的交往和合作，培养了大中班幼儿的责任意识，并让小班幼儿感受到大班幼儿的关爱。

2. 活动目标

①体验和同伴一起进行室内串班游戏的快乐，感受勇敢闯关、"大带小"合作游戏的乐趣。

②能熟练地完成跳、爬、投掷、钻等基本动作。

③能遵守游戏规则，通过游戏锻炼上肢、下肢动作和身体的协调能力。

3. 活动准备

音乐准备：热身音乐《天天向上》；游戏音乐《竹兜欢乐跳》《飞越彩虹》；放松音乐《我的身体都会响》。

材料准备及场地布置：

材料准备及场地布置如图 5-11 所示。

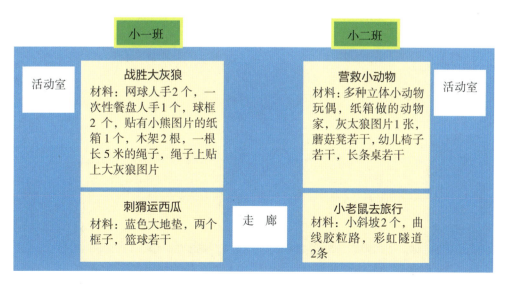

小三班		小四班	
活动室	**小青蛙真灵活** 材料：蘑菇凳12个，篮球10个，桌子4张、起始线	**乌龟比赛** 材料：长条桌若干、24把椅子、沙包若干、框子4个	活动室
	荷叶蹦蹦跳 材料：敏捷圈30个，起始线	**虫儿爬** 材料：泡沫垫10块，书包柜（固定材料）、起始线	走廊

中一班		中二班	
活动室	**豌豆射手** 材料：粘粑球（1篮子）、直径大于60cm的粘粑布、投掷点2个	**捉泥鳅** 材料：边长为40厘米的垫子30张，边长为20厘米的垫子10张，框子1个，三种不同颜色的泥鳅图片若干	活动室
	打败狐狸 材料：幼儿自制狐狸图片4个，纸箱4个，沙包若干，小框若干	**小兔拔萝卜** 材料：塑胶拼接地垫若干，数量与幼儿人数相等；自制萝卜图片若干	

大一班		大二班	
活动室	**小猪运粮** 材料：小推车3个、标志碟若干、沙包（30个）、框子3个	**鸡宝宝运蛋** 材料：报纸10张，乒乓球5个、起点线标志	
餐室	**森林穿梭** 材料：红线（1卷），桌椅24张	**猩猩夹球** 材料：报纸球20个，塑料棒12根、椅子	活动室

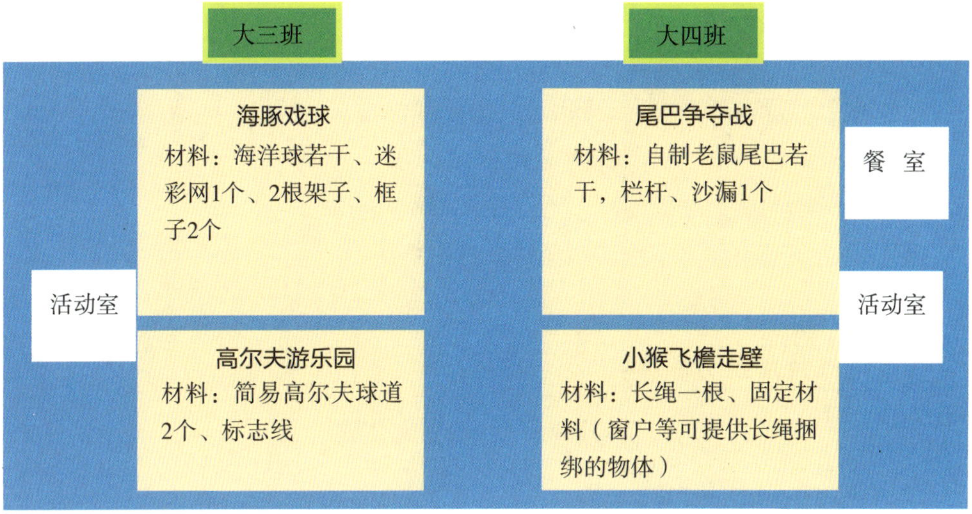

大三班	大四班

海豚戏球
材料：海洋球若干、迷彩网1个、2根架子、框子2个

尾巴争夺战
材料：自制老鼠尾巴若干，栏杆、沙漏1个

餐室

活动室

活动室

高尔夫游乐园
材料：简易高尔夫球道2个、标志线

小猴飞檐走壁
材料：长绳一根、固定材料（窗户等可提供长绳捆绑的物体）

图5-11　"我和动物大联欢"材料准备及场地布置

4.活动过程

（1）开始部分：了解新材料，并热身

①进行热身运动，舒展身体，做好运动准备。

主持人通过广播室主持活动并介绍本次活动的注意事项。班级教师带领幼儿在本班教室或走廊上，听音乐带幼儿做热身运动。

②跟随教师介绍区域材料，熟悉新材料。

班级教师带本班幼儿大致了解各班级游戏材料及区域的设置，重点介绍本班幼儿未玩过的新材料。

（2）基本部分：三轮自主参与游戏，利用各种材料，创设自己的游戏区

指导语：今天每间教室都投放了不同的区域材料，你们可以和你的朋友一起到各班玩游戏。

①第一轮游戏（约20分钟），进同楼层的班级选择材料游戏。

主持人全方位巡视，重点关注上下楼的安全以及对小班幼儿的关怀和帮助，提醒中大班幼儿带领小班幼儿游戏。

②第二轮游戏（约15分钟），自主选择不同的楼层及班级，和同伴一起参加更多的游戏。

③第三轮游戏（约10～15分钟），再次选择不同的区域游戏，交换场地和玩伴。

主持人观察幼儿的活动量，视幼儿情况和气温状况考虑是否开展第三轮游戏。

（3）结束部分：做放松运动，调整身体各项机能

①听音乐跟随教师做放松运动。

②活动小结。

小结：今天你们玩了很多游戏，玩得很开心。大班的哥哥姐姐能看护并帮助小班的弟弟妹妹。大家在游戏中能遵守规则，和小动物做朋友，并能完成挑战。

（4）活动延伸：师幼回到班级，共同整理器材

①班级教师进一步小结游戏情况。

②保育保健活动：回班盥洗、喝水及换掉湿的衣服。

③组织幼儿一起收拾本班游戏器材，打扫场地。

【游戏片段及分析】

游戏片段 1：战胜大灰狼

观察对象：20 名幼儿

观察场地：战胜大灰狼区

萱萱："你们看，这里真危险，前面有好多大灰狼。"顺着萱萱手指的方向看过去，前方大概 4 米的地方立着两根杆子，杆子中间有一根长绳，绳子上贴了许多大灰狼的头像。洋洋："是的，你看这里有一个小筐，里面都是网球！我们站在这条线上去打大灰狼。"很快，她俩站到了投掷线的位置，一人拿一个网球朝着大灰狼的图片扔过去。

萱萱："我打中了！"杨老师："你好厉害，这么远都能打到大灰狼。"接下来，许多小朋友都来到了小（一）班，他们来到投掷线的地方，排成 3 队。几个小朋友拿着网球向大灰狼扔过去，但是没扔到。杨老师说："一只手拿着手雷，瞄准大灰狼，用力投过去。"幼儿试了试，终于打到大灰狼了。杨老师："小羊们，刚刚你们打跑了大灰狼，现在要把手雷还给熊大叔，我们用餐盘把手雷运回来吧！"投完球的幼儿捡完球后，把球放在白色的碟子上，运回来给下一个小朋友。

教师思考

第一，及时鼓励，适时指导。教师在游戏过程中给予幼儿充分的、自主参与的机会，及时肯定和鼓励幼儿，并实时发现幼儿在游戏中产生的问题，用语言提示，给予指导。第二，关注细节，塑造人格。幼儿扔完"手雷"后，教师用游戏语言请幼儿捡回"手雷"，为下一个幼儿服务，帮助幼儿树立人人为我，我为人人的意识。

游戏片段 2：营救小动物

观察对象：15 名幼儿

观察场地：营救小动物区

小（二）班的活动室用蘑菇凳、长条桌和椅子摆成了三条路。第一条路是用 6 个蘑菇凳，每个间隔一定的距离摆成的。第二条用 24 张椅子，两两拼接在一起组

跳过半张垫子，可以得到绿色的'泥鳅'。"

泽泽："我知道了，红色的'泥鳅'是最厉害的，要跳过两张垫子就可以得到红色的'泥鳅'，我觉得有点难。"

老师："这里还有一些垫子，它的宽度是刚才垫子的一半，跳这样的田埂，也可以得到'泥鳅'。"

这时，只见泽泽去筐里拿了一张20厘米的垫子和一张40厘米的垫子拼起来，开始尝试。当他跳了几次，发现这个宽度的垫子对他来说没有问题了，他又换了两张40厘米的垫子拼在一起，一遍又一遍地尝试。正在这时，中（二）班的所有小朋友都到筐里去拿了垫子，然后找到一个空旷的地方开始尝试把垫子拼在一起，双脚并拢跳过垫子。老师也拿了一块垫子在旁边玩，一边念儿歌："脚站稳，腿要弯，双臂向后，头向前，向前摆臂——跳。"就这样，几个幼儿边看老师，边拿着不同的垫子尝试模仿老师的动作，双脚弯曲，往前跳，每次跳过去就可以抓到一个"泥鳅"，离开教室的时候，许多幼儿得到了不同颜色的"泥鳅"，开心地去其他区域玩了。

教师思考

细心捕捉，尊重差异。游戏中，泽泽是一个性格比较内向的幼儿，当他开始去拿垫子时，发现两张垫子的宽度超过了他可以跨越的宽度，他内心很渴望获得红色的"泥鳅"，但又有些畏惧。此时，教师并没有直接介入，而是采取游戏的口吻提示，等待幼儿自己解决问题。最终，幼儿从易到难进行练习，完成了挑战。关注全体，平行参与。在游戏中，教师很好地关注了全体幼儿，并通过平行参与游戏和简单易懂的儿歌向幼儿示范双脚向前跳的方法。

游戏片段4：小猪运粮

观察对象：20名幼儿

观察场地：小猪运粮区

大一班的活动室传来了孩子们此起彼伏的欢笑声，许多大班孩子选择了进这个区域，一会儿区域里便人头攒动。教师正和几个幼儿一起商量标志碟放的位置，他们正在进行"小猪运粮"的游戏。规则是从起点出发，将沙包捡起放在小推车里，将小推车推到对面标志碟的位置，绕着标志碟转一圈，然后再回到起点。

子睿说："这里有三个推车，我们都到起点排队分成三队比赛，谁先运回沙包，谁就获胜了。"大家觉得子睿的主意不错，都来到了起点排队开始推车运"粮食"，第二队小朋友获胜的比较多。子睿又说："现在我们已经试过了，这一次我们玩接力赛，每次把'粮食'运回来时，要与下一个伙伴击掌，才可以出发。"

杏儿说："可以啊，但是我们这一队有中班的弟弟，他们可能会慢一点。"浩浩说:"我们这一队有2个中班的弟弟,子睿你们那一队没有弟弟妹妹。"说着,幼儿自己决定重新排列队伍,子睿说:"浩浩那一队的小弟弟来我们这一队就好了。"

就这样,运"粮食"的队伍变成了一个大班的幼儿后面跟一个中班的幼儿,每次3个人一组,玩了一轮游戏的小组就去其他区域玩了。

图5-14　小猪运粮

教师思考

第一,自主游戏,调整策略。规则是伴随游戏的重要因素,一个游戏如果没有良好的秩序和规则,就很难进行下去。在该游戏片段中,当幼儿发现自己的队伍中有许多弟弟妹妹时,他们提出了按照"大班—中班—大班"间隔的排队方式,来保证参与游戏的人员游戏水平平均,可以看出幼儿能灵活根据游戏的推进,调整游戏的节奏和策略。第二,经验丰富,游戏升级。在运了几轮"粮食"后,有幼儿提出,可以用接力赛的方式来玩"运粮比赛"的游戏,说明幼儿已经具备了丰富的游戏经验,表现出了较强的合作性。

游戏片段5:海豚戏球

观察对象:20名幼儿

观察场地:海豚戏球区

大(三)班的教室里人流涌动,有许多幼儿选择在这里玩。在这里,不仅能看到许多大班的幼儿,还有很多小班的幼儿也来到了大(三)班参加活动。活动室被一张大的迷彩网隔成了两个区域,每边的地上都放着一个大筐,筐里面装了海洋球。幼儿拿着海洋球向上抛,扔到对面朋友的身上。两边的幼儿一边扔球,一边捡球。教室里充满了欢声笑语。许多大班的哥哥姐姐都带着弟弟妹妹来到这个区域玩游戏,有时弟弟妹妹会去帮哥哥姐姐捡球,有时哥哥姐姐为弟弟妹妹捡球,还会鼓励弟弟妹妹:"弟弟,用力抛,投远一点。"教室里面的小伍老师也加入了游戏,和幼儿进行海洋球大战。

图 5-15　海豚戏球

教师思考

第一，自主探究，生成玩法。在自主游戏中，幼儿根据自己的想法和需要收集材料，进行游戏场地的布置和创设。在这个过程中，材料是游戏的助推器，迷彩网和海洋球玩法的预设和生成，对材料的选择和运用，反映了幼儿的原有经验和探究水平。第二，同伴互助，自然互动。在游戏中，大班的幼儿是高级榜样，他们具有爱心，鼓励弟弟妹妹参与游戏，带来更自然的互动。

5. 家园共育

亲子游戏：在家里，家长可引导幼儿双手双脚着地爬，把球放在幼儿身体下面滚动，幼儿跟随球滚动的速度，往前爬、往后退，从场地的一端到另一端，玩"小猪运粮"的游戏，练习耐力和协调能力。

6. 活动评析

（1）组织具有层次性，适当调节幼儿运动量

活动共分为三轮。第一轮游戏，教师给了较为明确的指令，就是在自己班的教室里或者是同楼层的教室里玩游戏，第二轮、第三轮游戏才让幼儿根据游戏地图的提示，选择串班游戏。这样做的好处是，在游戏刚开始的阶段，让幼儿建立一定的规则预热，有利于教师在活动中及时发现问题并解决问题。另外，活动中，教师的指导十分细致，采取了观察面色、摸汗等方式，观察幼儿的运动量，当发现个别幼儿玩得比较累了，会提示他喝水，并稍事休息，再进行下一轮的游戏。

（2）提供的材料丰富多样，能满足幼儿的个体差异

整个活动场域，都得到了充分的使用。活动区域的设置多样，提供的材料丰富，器械的组合适宜，全园的区域经过了精心的设计，既考虑了大班幼儿对于运动内容所需的挑战，创设了一些比较适合大班幼儿开展合作、比赛的区域，又考虑到了小班幼儿对游戏玩法还不熟悉的特点，创设了具有不同难度的游戏场地，供幼

儿自主选择。例如，在"营救小动物"的游戏中，教师提供多种材料支持幼儿搭建"椅子路""蘑菇凳路"和"桌子路"满足了全体幼儿的需要，真正做到了物尽其用。

（3）选择适宜的介入时机，为幼儿提供恰当支持

在幼儿游戏的过程中，教师首先是一名观察者。当幼儿在游戏中自主商讨、协商、解决问题时，时刻注视并欣赏幼儿的游戏行为。教师在幼儿游戏过程中很少介入，一旦介入有几种情形。第一种是，当安安在区域中玩，将小推车打翻，撞到了自己的脚时，教师判断他有轻微的擦碰，便马上介入。第二种是，小七和九月在玩海洋球时，因为争抢海洋球，发生了矛盾，眼看小七要进行攻击性行为了，教师及时介入，解决了纠纷，舒缓了幼儿的情绪。第三种是，泽泽遇到挫折时，教师采取平行游戏、间接介入的方式，正面鼓励、引导泽泽主动参与游戏。该出手时就出手，教师用"四两拨千斤"的方式，看到了幼儿学习的力量。

第二节　幼儿园户外运动区域活动案例及分析

一、班级户外运动区域活动案例及分析

（一）小班活动：多变的泡沫板

1. 设计思路

幼儿的天性是爱玩游戏，玩具是幼儿最亲密的伙伴。此次活动源于小班上学期主题活动"好玩的玩具"，在主题活动推进过程中，幼儿在教师的引导下认识了各种各样的玩具，探究了玩具的各种玩法，在进行户外活动时，也激发了幼儿创新探索的兴趣。于是，基于幼儿的年龄特点，利用轻便的、低结构的"泡沫"，以"多变的泡沫板"为主题，通过提供大小不同的泡沫板，让幼儿在不同的区域里模仿动物的动作来发展跳、爬、投掷等动作。小班幼儿基本动作的整体发展水平虽然还有局限，但已能独立完成走、跑、钻、爬、跳等基本动作。通过各种游戏，能较好地锻炼幼儿的基本动作，提高其身体的协调能力，让幼儿愉快锻炼的同时，尝试进行一物多玩的创造，拓展思维。

2. 活动目标

①愿意尝试泡沫板的多种玩法，感受泡沫板玩法的多变。

②在泡沫板的玩法中练习爬、走、投掷等基本动作，提高身体的协调性和灵活性。

③在模仿的过程中，了解不同动物的动作特点，熟悉泡沫板的基本玩法。

3. 活动准备

音乐准备：热身音乐《身体音阶歌》；游戏音乐《向快乐出发》《青春修炼手册》；放松音乐《金色童年》。

材料准备：

材料准备如图5-16所示。

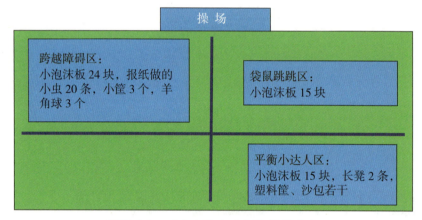

图5-16 "多变的泡沫板"材料准备

4. 活动过程

（1）游戏前的热身

进行游戏前的热身，舒展身体，活动筋骨，激发游戏的兴趣。

（2）参观游戏场地，了解教师提供的运动材料

指导语：今天我们要在操场进行户外运动区域活动，老师在四个区里分别提供了小泡沫板、大泡沫垫、报纸做的小虫和小筐，等会儿我们一起来摆一摆，玩一玩。

（3）和教师一起摆放材料，体验自主设计游戏区域的乐趣

在绕过障碍区，你们想设计哪三条不同长度的路来闯关呢？

袋鼠跳跳区：将小泡沫垫放在区域里可以做什么？

袋鼠跳跳区：请你们自己设计自己爬行的道路。

平衡小达人区：小朋友想一想泡沫垫可以在身体哪些地方保持平衡？你怎么来搭建平衡馆？

（4）幼儿进入区域游戏，教师巡回观察指导

①了解游戏玩法，尝试游戏。

指导语：跨越障碍区、袋鼠跳跳区、平衡小达人区的游戏设计好了吗？请来试一试。

②第一轮游戏，自主进入游戏。15分钟后根据教师的提问对第一轮游戏进行小结。

指导语：在游戏中遇到了什么问题？你选择了什么游戏？还想玩什么游戏？

③自主选区进行第二轮游戏。

（5）游戏结束，听音乐进行放松运动，教师小结本次活动

①听音乐放松。

②教师小结。

指导语：今天玩游戏有没有遵守游戏规则？一共玩了几个区？还有哪个区没玩？

【游戏片段及分析】

游戏片段1：跨越障碍

观察对象：小（二）班10名幼儿

观察地点：跨越障碍区

幼儿进入区域，拿着垫子间隔摆，然后每到一个垫子的地方就跳过去或者跨过去，到了终点捉到小虫子，又返回把小虫子放在面前的筐里。李老师在旁边加入游戏，在泡沫板处绕障碍跑，区域里的幼儿看到后都模仿起来。李老师说："我们除了可以绕着泡沫板跳、跑，还可以怎么玩呢？"悠悠说："我们还可以绕过泡沫板爬。""还可以把泡沫板叠起来变成一个三角形，然后跨过去。""你们说得都不错！想出来这些方法的小朋友赶紧来和朋友分享吧。"悠悠说："我们比赛捉虫子吧！用垫子做三条路，第一条路跑过垫子，第二条路绕过垫子爬过去，第三条路跨垫子。"说着，他们自发地排队开始玩游戏，幼儿玩得很开心。

> **小贴士**
>
> 注意幼儿的运动量及动作的标准，防止膝盖受伤。

教师思考

第一，创设童趣的情境，激发幼儿的兴趣。本游戏以"小青蛙捉害虫"为情境，幼儿在该情境中任务意识强，对小青蛙角色的认同度高，所以幼儿的游戏兴趣浓厚，在游戏中得到了极大的满足。第二，创设宽松的氛围，激发幼儿的创造力。从游戏片段中可以看出，教师对游戏的玩法和材料的摆放是低控的，给予了幼儿自主的权利，教师在游戏中扮演的是引导者和支持者，引导幼儿创设更多玩法，支持幼儿将自己的想法付诸实践，所以幼儿在活动中才能创设出多种玩法，充分发挥了想象力和创造力。

游戏片段 2：袋鼠跳跳

观察对象：小（二）班 12 名幼儿

观察地点：袋鼠跳跳

进区后，幼儿先是自己探索如何玩泡沫板，有的拿着垫子往上抛，有的往前投，有的头顶泡沫板跑。老师说："我们要用身体的各个部位来玩泡沫板，你们会怎么玩呢？"嘉嘉说："我可以用腿夹住，然后跳。"老师说："就像小袋鼠一样，我觉得嘉嘉的想法很不错，有点挑战性，你们都可以像小袋鼠一样用双腿夹住泡沫板往前跳吗？""可以。""那你们赶紧试一试。"于是，幼儿在区域里练习双腿夹住泡沫板往前跳。过了一会儿，嘉嘉过来说："老师，我们想要比赛，看看哪个小袋鼠跳得快。"于是，嘉嘉喊来了几个好朋友，一起用腿夹着泡沫板从跑道的一头，跳到了另一头。妞妞说："泡沫板真好玩。"老师问："除了可以用腿来夹着跳，还可以用身体哪些部位夹住泡沫板跳呢？"妞妞说："我可以用我的手臂夹住泡沫板往前跳。""我可以用脖子夹住跳。"老师说："那你们都可以试一试。"

图 5-17　袋鼠跳跳

教师思考

预设生成，相得益彰。泡沫板是一种低结构材料，能够创设出多种玩法，教师心中对于材料的具体玩法有了自己的想法，想在了幼儿的前面，幼儿在和材料的互动中所引发的情况是变化的，只有教师做好了准备，才能很好地结合幼儿的想法，创设出既有教育价值，又能满足幼儿兴趣的游戏。

游戏片段 3：平衡小达人

观察对象：小（二）班 10 名幼儿

观察地点：平衡小达人区

倩倩和几个幼儿拿着泡沫板顶在头上慢慢走，但是倩倩的泡沫板老是侧翻。教师问："怎样才能让泡沫板在头上保持平衡呢？"滋滋说："把泡沫板放在脑袋中间。"教师说："你们可以多试一试。"倩倩一直在旁边探索哪个位置才能让泡沫板稳稳当当地放在脑袋上。然然走过来和老师说："我又想到了一个玩法，我要变成小乌龟，从起点出发，把小泡沫板当成我的食物放在我的背上，把食物运到终点，运到我的家里去。""好呀，但是你要保护好背上的食物，不能掉下来。"然然把泡沫板放在背上，确定放稳了之后便开始爬。第二轮游戏时，教师说："那边有沙包，请你们从起点出发，想办法把终点的沙包运到起点的塑料筐里去，你们有什么办法？"倩倩说："我想到了，可以手拿泡沫板，把沙包放在泡沫板上，两个小朋友把它抬回来。""两个小朋友一起，有点意思哦，但是也要想想怎么才能保持平衡让沙包不掉在地上？赶紧去试试吧。"几分钟后，倩倩说："要把沙包放在泡沫板的中间，和朋友慢慢走就不会掉了。"

图 5-18　平衡小达人 1　　　　图 5-19　平衡小达人 2

教师思考

第一，游戏促进幼儿平衡能力和身体协调能力的发展。幼儿在游戏中探索如何能让泡沫板在自己头上、身上保持平衡，两个人如何保持沙包的稳定性。通过反复尝试和操作，幼儿得出了结论，要把泡沫板、沙包放在中间，身体才能保持平稳。第二，良好的学习品质和探究能力在游戏中得到了发展。在游戏中，倩倩一直在探索如何让物品保持平衡，直到游戏最后才得出了保持平衡的诀窍，这种探索和坚持的学习品质是在游戏中获得的。

5.家园共育

自制玩具：家长和幼儿一起摆放泡沫板，设置多种路线，和幼儿一起游戏，还可增加游戏难度，手持一块小泡沫板进行"绕过障碍"游戏。

6.活动评析

（1）充分自主，促进幼儿游戏水平的提升

活动中，设置两次自由选区、共同参观游戏材料、摆放游戏材料，充分调动了幼儿的主动性，能较好地满足全体幼儿的需要，发展幼儿运动能力的同时，让幼儿获得了更多的成就感。

（2）拓展想象，有效提高学习品质

由"好玩的泡沫板"衍生出来了几个游戏。把垫子放在地上，不仅可以绕着它跳、跑，还能爬、跨，不仅可以用腿夹住泡沫板，还可以用手和脖子夹住泡沫板等。在整个游戏中，幼儿之间的模仿、学习、交往和合作每时每刻都在发生，幼儿之间的关系更亲密了，同时也促进了幼儿创造性和社会性的发展，激发了幼儿的创造力，提高了其学习品质。

（3）巧用提问，推动游戏不断深入

提问，是教师在观察幼儿行为的基础上进行的推进策略。在"平衡小达人"游戏中，教师提问："怎么样才能让泡沫板在头上保持平衡呢？"在"灵活的身体"游戏中，教师提问："还可以用身体哪些部位夹住泡沫板跳呢？"这些开放性的提问，有效地引导了幼儿进一步思考，让游戏内容更加丰富。

（二）中班活动：多样的球

1. 设计思路

球是幼儿喜欢的运动器材，其玩法多样，既可以单人玩，又可以双人玩，还能开展各种群体活动。我园幼儿经常会在体育老师的带领下，参加一些球类运动，如足球、篮球、乒乓球，在运动中感受球类活动的魅力。但是，除了专门的体育活动，如何让球类运动与区域活动相结合，将动作技能游戏化，提高幼儿参与球类运动的兴趣一直是我们思考的问题。在中班上学期主题活动"我升中班了"中的一节"什么东西会滚"的科学活动中，幼儿充分探索和思考：球可以怎么滚，还可以玩什么游戏？在户外活动中，幼儿在尝试中进一步探索各种让球滚动的方法。中班幼儿的运动技能较小班有了较大提升，不仅能较自如地拍球、连续自抛自接球，和同伴抛接球，还能在一定范围内投篮、射门。本案例利用各种球类，如篮球、足球、排球设计了不同的游戏，让幼儿感受到同类器材的多种游戏玩法，开阔思路、锻炼体质，体验球类活动的乐趣。

2. 活动目标

①喜欢各种球类运动，体验不同球类玩法的趣味性，感受玩球的乐趣。

②掌握拍球、运球、抛接球、投篮和射门的基本方法。

③了解三种球类的基本玩法，锻炼四肢大肌肉力量和身体的灵活性。

3. 活动准备

音乐准备：热身音乐《竹兜欢乐跳》；游戏音乐《快乐小青蛙》《大王叫我来巡山》；放松音乐《走路》。

材料准备：

材料准备如图 5-20 所示。

```
                    ┌──────────────┐
                    │    操 场      │
        ┌───────────┴──────────────┴───────────────┐
        │ ┌──────────────┐      ┌──────────────────┐│
        │ │花样玩球区：篮球2个，梅│  │投篮冠军区：篮球12个， ││
        │ │花桩若干       │      │篮球架2个，计分牌   ││
        │ └──────────────┘      └──────────────────┘│
        │                       ┌──────────────────┐│
        │                       │排球小将区：排球6个，││
        │                       │迷彩网1张          ││
        │                       └──────────────────┘│
        └───────────────────────────────────────────┘
```

图 5-20　"多样的球"材料准备

4. 活动过程（同上）

【游戏片段及分析】

游戏片段 1：花样玩球

观察对象：中（四）班 12 名幼儿

观察地点：花样玩球区

　　游戏刚开始时，幼儿在区域里进行运球的游戏，一个跟着一个。滋滋喊上旁边的朋友说："我们可以来篮球接力呀，我把球递给你，你递给后面的人。"他们玩了起来，旁边的晨晨也觉得好玩，说："我们来比赛吧！我们变成两队，看看哪一队的人先把球传到最后。"玩了几次后，晨晨说："后面的人要看前面，快速地把球接过去，这样我们才能赢。"幼儿之间变得越来越默契。这时，牛牛发现了区域旁的梅花桩，他说："我们把梅花桩摆好吧，来玩穿越梅花桩游戏。"滋滋说："怎么玩呢？"牛牛说："我们可以边拍篮球边跨梅花桩。"玩了几次之后，他们觉得有点难，区域里的部分幼儿又尝试了新的较简单的玩法。教师发现了幼儿在游戏中遇到的问题，于是在活动结束后回到班级，组织班级幼儿讨论怎么才能做到边跨过障碍物边运球。

图 5-21　花样玩球

教师思考

第一，基于时机给予介入。因为涉及注意的分配及身体协调能力的均衡发展，幼儿在游戏过程中还不能较好地完成边跨障碍边运球的动作。教师在指导时，没有马上干预，而是在回顾时进行了总结，有助于幼儿总结梳理，开展下一次活动。第二，基于观察给予指导。从游戏片段中可以看出，教师是在观察到幼儿在活动中遇见了边跨障碍边运球的困难后，在活动后专门就此问题给予了指导。

游戏片段2：投篮冠军

观察对象：中（四）班13名幼儿

观察地点：投篮冠军区

宸宸选择了投篮，他先是在篮筐下进行投篮，投了几次后，浩宇过来说："你看，我可以在这么远的地方投进去。"宸宸说："那我也可以。"于是，他走到比浩宇还远的地方投篮，没投进去，浩宇在旁边笑他，他撇撇嘴，走开了，继续投。没投进去就往前走一点，直到投进去为止。

第二轮游戏时，淇淇过来说："我能投进2分球。"乔乔不甘示弱地说："我有时候能投进3分球。"浩宇说："那我们来投篮试试。"说着，他们轮流站在2分球和3分球的位置上投篮。他们的比拼引来了区域里幼儿的围观，宸宸说："我看电视里篮球赛的时候，有记分的人，来看看谁投进的球得分多。"淇淇说："那我们请老师来当记分的人吧，刚好这里有记分牌。"淇淇说："我们所有的人分成两队，1分钟内哪一队投篮得分最多，谁就胜利。"他们都同意了，激烈的一分钟很快就过去了，但是他们还意犹未尽，又进行了几轮比赛。

图5-22 投篮冠军1

图5-23 投篮冠军2

教师思考

丰富生活经验，提升游戏水平。从游戏片段中可以看出，幼儿的游戏从两个人之

成一条椅子路。第三条是用 4 张长条桌拼在一起的。三条路的尽头，用地面标线贴了两条直线，其中第二条直线的前方摆着许多动物，散落在地上，动物区还摆着一只大灰狼的头像。

琪琪："我想选择第一条蘑菇路，等我到了第一条线的终点，我就要快点跑过去，把小动物营救出来。"她小心通过蘑菇凳铺成的道路，到了终点后，她开始快跑，去动物区拿起一个动物就往回跑。

小西："真的要快点跑，你看，那边有一只大灰狼，如果跑不快的话，狼就会跑出来，把我们吃掉！"

合合牵着一个小妹妹的手，一起爬上了桌子搭成的第三条路，边爬边说："妹妹跟紧我啦！"小妹妹一直跟着合合往前爬，他们来到直线的地方，开始牵手往前跑，小妹妹拿起一个小动物图片，合合说："快，爬到桌子上来，爬回去，把小动物运回去。"

图 5-12　营救小动物 1

图 5-13　营救小动物 2

教师思考

退后一步，静观其变。在游戏过程中，心理支持是第一步。在案例中，教师始终注意不直接指出幼儿能自主生成的方法，对幼儿的困惑不急于表态，对幼儿在活动中碰到的困难不急于帮助，而是以"同疑同乐"的姿态进行参与和评价，从而在一次次师幼共同体验中不断深入探究。

游戏片段 3：捉泥鳅

观察对象：20 名幼儿

观察场地：捉泥鳅区

活动场地里有许多蓝色的垫子，每一张边长为 40 厘米，进来玩游戏的小朋友每人拿一张垫子。老师说："今天我们要来做一个田埂，你们看，这里有不同颜色的'泥鳅'，如果能双脚跳过田埂，就可以获得一个'泥鳅'。"

妮妮："老师，为什么'泥鳅'有不同的颜色？"

老师："田埂可以组成不同的宽度，跳过一张垫子，就能得到黄色的'泥鳅'，

间的比赛发展到两个团队之间的比赛，游戏水平得到了提高，这些都得益于幼儿丰富的生活经验，迁移到了游戏中。利用资源，合作竞技，中班幼儿有了初步的竞技意识，在游戏中乐于和同伴玩竞技游戏，他们善于发现资源、善于寻求帮助、善于推进游戏。

游戏片段 3：排球小将

观察对象：中（四）班 12 名幼儿

观察地点：排球小将区

第一轮的游戏，有两个人一组抛接球，也有一个人抛接球，教师以游戏者的身份加入游戏，一人抛，多人接。第二轮游戏时，然然说："我们来打排球吧！"于是，他喊上了几个伙伴，把操场上的海绵垫拿过来立起来，他在海绵垫这头，豆豆在另一头，抛接了一两次后，豆豆说："我在电视上看打排球，中间是网，我们用海绵垫看不到那边扔过来的球。"于是，豆豆又拿来了迷彩网，进行排球的游戏。一开始，豆豆将迷彩网挂得很高。过了一会儿，幼儿发现排球抛不过去，便开始发表自己的看法，大家的想法都不一样，有的幼儿说："我们要用点力才能把球抛过去。"有的幼儿说："是迷彩网太高了。"他们在游戏中不断地进行调整。

教师思考

主动思考，解决问题。在进行排球游戏时，幼儿模仿电视里排球比赛的样子，一开始用了海绵垫来当隔断，玩了一会儿之后发现，海绵垫把幼儿的视线挡住了，幼儿看不到球的走向。于是，他们选择用迷彩网来当隔断，能看到球了，但很快迷彩网的高度又成了新的问题，幼儿积极发表自己的看法，积极动脑思考问题，并且进行自主学习和探索，提高了解决问题的能力。预设游戏，给予支持。活动中的材料教师都有预设，所有材料都是幼儿游戏进程中需要的，教师做材料的提供者和活动的支持者，并不干预幼儿游戏，而是默默支持幼儿游戏。

5.家园共育

家长可根据幼儿的兴趣进行选择，和幼儿进行球类的花样玩法，如进行花样拍球、花样传球、球类游戏等。

6.活动评析

（1）自主创设游戏玩法，将生活中的经验延伸到游戏中

球类玩具是幼儿喜爱的。在生活中，幼儿时常会看到一些球类比赛，并且还能和爸爸妈妈一起参加相关的锻炼。在本次区域活动中，教师投放了篮球、足球、排球等低结构材料。可以看到，在游戏中幼儿将迷彩网的高度进行了调整，把它变成了适合自己玩的排球游戏。幼儿将观看排球比赛的经历迁移到游戏设计中，说明了幼儿具有较强的自主意识，具备一定的迁移能力。

（2）师幼共同讨论，将探究引入更深

幼儿在游戏过程中遇到难题时，教师在区域活动回顾环节组织幼儿共同讨论、共同梳理、提升经验。在这个过程中，教师了解到幼儿的"最近发展区"，为幼儿提供了有效的支持，"花样篮球"游戏便是这样的处理办法。

（三）大班活动：神奇的绳子

1. 设计思路

跳绳，是幼儿园常见的运动器材，玩法多变，有双人跳、单人跳，合作跳等，由于比较轻便，能有效地和其他材料组合。大班幼儿喜欢创造、想象，有较强的挑战精神和探索精神。在区域活动中，如何借助低结构材料激发幼儿的运动兴趣，一直是我们思索的问题。在大班主题活动"智慧小达人"中，教师和幼儿一起开展了健康活动"跳绳花样多"，幼儿对于跳绳的兴趣愈加浓厚。在户外运动区域活动中，教师提供多样的绳子，幼儿将这一传统的体育活动，利用绳子的可变性和其他辅助材料创造、设计出多种游戏。

2. 活动目标

①感受绳子不同玩法的奥妙和快乐，乐于在游戏中想办法创新、创造，体验运动的乐趣。

②掌握连续跳绳、侧身或俯身钻爬等基本动作，锻炼身体的平衡能力和灵活性。

③熟悉绳子的不同玩法，并主动探索新玩法。

3. 活动准备

音乐准备：热身音乐《飞越彩虹》；游戏音乐《猪猪侠》《天天向上》；放松音乐《你笑起来真好看》。

材料准备：

材料准备如图 5-24 所示。

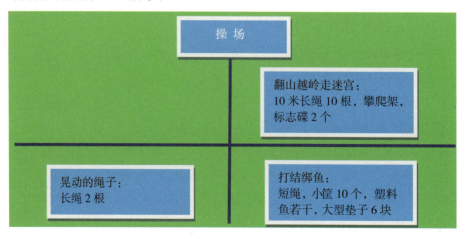

图 5-24 "神奇的绳子"材料准备

4.活动过程（同上）

【游戏片段及分析】

游戏片段1：翻山越岭走迷宫

观察对象：大（三）班15名幼儿

观察地点：翻山越岭走迷宫区

嘉伟从区域角拿出一根10米长绳，摆在地上说："这个绳子歪歪扭扭的，好像小蛇呀。"旁边的乐乐说："我感觉很乱，像迷宫一样。""那我们来玩迷宫的游戏吧！"嘉伟和几个同伴提议。他们玩了一遍之后，很快发现了问题。紫紫说："迷宫要有入口，还要有出口，这样才能玩。"于是，几个同伴拿来了更多的长绳，在地上摆迷宫，并将两个标志碟放在入口处和出口处摆好，游戏得以继续。

第二轮游戏时，老师将运动区的攀爬架搬了过来，紫紫最先发现它，说："我们的迷宫外还有山，我们要翻山越岭才能到达入口走迷宫。"这时，老师说："我来帮你们搬吧。"说完，便和幼儿一起把攀爬架搬在离迷宫入口处5米远的地方。紫紫从起点出发，穿过小路，爬过"小山"来到迷宫的入口开始走绳子迷宫。紫紫说："这样的迷宫真好玩。""小山"的设置让其他幼儿也特别想来试一试。于是，大家又从起点开始排队游戏。过了一会儿，嘉伟对老师说："一座山太简单了，我们还想要一座山。"于是，他又去材料区搬来了一个攀爬架。

图5-25　翻山越岭走迷宫

教师思考

尊重幼儿，创新玩法。教师始终是游戏的观察者和材料的提供者，对于幼儿创新的游戏玩法，教师始终在一旁默默给予支持，并调动经验，创新玩法。在游戏中，幼儿自然地调动已有生活经验，为迷宫设置入口和出口，并不断添加新材料，创新玩法，让游戏越来越具有挑战性。

游戏片段2：晃动的绳子

观察对象：大（三）班15名幼儿

观察地点：长绳区

欣欣、宁宁和依依选择了长绳，欣欣和宁宁甩绳，依依跳绳，跳了一会儿，依依说："早晨来了我们也跳长绳，现在玩别的吧。"两个幼儿回应："好啊，好啊！"于是，她们停下来不停地摆弄长绳，依依说："我看见别人这样玩，你们蹲下来摇绳子，我跳过去试一试。"两个幼儿蹲在一起，依依说："要隔远一点，一人拉着绳子的一边，蹲在地上摇。"两个幼儿听了依依的话，面对面摇绳子，依依在摇晃的绳子中跳来跳去，她开心地说："哇！这样好刺激，真好玩！"教师对她们竖起了大拇指，她们更开心了。过了一会儿，欣欣说："我们换一下，我也要跳。"于是，欣欣跳绳，依依和宁宁摇绳，游戏继续进行。

图5-26　晃动的绳子

教师思考

支持幼儿，推进游戏。在整个活动中，教师始终在区域中观察支持幼儿，在创新玩法时，教师也是默默关注。对幼儿创新玩法成功后，教师竖起大拇指给予鼓励，幼儿充分体验了成功的喜悦。指导同伴、分工合作让大班幼儿的自主意识、创新意识和合作意识得到了加强。游戏中依依能调动生活中的经验，主动创新玩法，并指导同伴进行新游戏，符合大班幼儿的年龄特点。游戏中，经常会出现领袖人物，这和幼儿的个人气质和性格特点是分不开的。

游戏片段3：打结绑鱼

观察对象：大（三）班15名幼儿

观察地点：打结绑鱼区

幼儿在区域游戏时间，在区域里拿着短绳跳绳。这时，小花看到了隔壁"烧烤吧"在"烤鱼"，于是拿来了10条"鱼"和彤彤说："我们有绳子，又有鱼，我们来玩钓鱼的游戏吧！"彤彤同意了，于是她和另外4个幼儿一起把6块大垫子搬到了场地中间，垒起来变成了一个高高的钓台，然后把绳子放下来，站起来就要把"鱼"拉上去，可是鱼没有被钓上去。小花向老师求助，老师说："绳子碰到了鱼，但是没有工具把鱼钓起来怎么办呢？"于是，小花尝试着用绳子在鱼身上绕了几圈，彤彤又开始"嘿哟，嘿哟"地拉，鱼转了几圈从绳子上掉了下来。小花着急了，说："还是不行，又掉了。"老师说："要打结才能绑得稳，绳子要交叉。"说完，老师便示范了起来。于是，小花也学着老师的样子，用绳子绕鱼几圈，然后交叉一下，再拉紧。彤彤看他们绑好了，又开始拉起来。这次，他们成功把鱼钓了上去。小花对彤彤说："我也想钓鱼，你去把鱼绑好。"彤彤不会，便向老师求助，让老师教她，不一会儿，彤彤就学会了。

教师思考

问题内驱，自主学习。打结这一精细动作，对于幼儿来说有一定困难。如果是教师平时来教，幼儿会觉得枯燥，学习动机不强，学习效果也会大打折扣。然而，当幼儿在区域活动中，想利用这一技能进行有趣的游戏时，幼儿的兴趣和实际问题解决的需要驱动他们的学习兴趣变得更加强烈，能有效地实现教师自然地教，幼儿自然地学。同时，也让幼儿实现了在玩中学，在学中玩。

5.家园共育

家长为幼儿准备跳绳，幼儿可用跳绳进行常规的跳绳活动，也可进行亲子跳绳活动。家长可创设"晃动的长绳"情境，和幼儿共同游戏。

6.活动评析

（1）观察和欣赏幼儿在前，教师理解和指导在后

教师对幼儿的理解和指导以观察和欣赏为基础，对症下药，这样才能使幼儿的游戏往更深层次发展。在上述案例中，教师采用了"置之不理""小帮手""直接介入"等方法。"置之不理"是指教师在区域外观察幼儿的游戏情况，如"晃动的绳子"游戏中，教师在旁边静观其变，幼儿成功后给予鼓励。"小帮手"则是教师根据幼儿的年龄特点提供适时的帮助，如在"翻山越岭走迷宫"游戏中，攀爬架较重，幼儿强行搬动会有安全隐患，教师可以适时提供帮助。"直接介入"则是幼儿遇到无法解决的问题或是求助时，采取此方法，如"打结绑鱼"游戏中，幼儿不会打结，并且打结成了阻碍幼儿进行深入游戏的关键点时，教师先是让他们

把鱼绑紧，幼儿做不到时，教师介入他们的游戏告诉他们打结的方法，帮助幼儿继续游戏。

（2）源于幼儿实际生活经验的游戏最有吸引力

从幼儿游戏的情况来看，幼儿最感兴趣的游戏源于他们的实际生活，幼儿的前期经验能帮助他们更好地适应游戏。"晃动的绳子"是借助生活中看过的游戏而迁移生活经验。"打结绑鱼"游戏是幼儿在生活中能够接触到的，所以，幼儿能够在区域中深入地玩游戏，提升自己的生活经验。

二、混龄户外运动区域活动案例及分析

我是小小兵

1. 设计思路

"我是小小兵"全园户外运动区域活动是基于各年龄阶段幼儿主题活动的推进和延伸。幼儿通过主题活动的推进，对解放军叔叔充满崇拜，形成了不断向解放军叔叔学习，不畏艰难、乐于挑战、勇敢坚持的个性。教师基于三个年龄阶段幼儿的年龄特点，和幼儿共同商讨开展了本次活动。在运动中，为了培养幼儿坚强的意志、顽强的体魄，使其具备一定的力量和耐力，我们借用"中国小兵"这个幼儿喜欢的形象，创设了以军事化游戏为特色的户外体育区域活动。活动中，幼儿扮演"小小兵"，通过多个运动项目的循环，让幼儿在亲身体验中锻炼四肢的力量，发展动作协调性和灵活性，增强体质，提高身体的平衡能力和协调能力；通过对各个运动项目的学习，了解军事锻炼的趣味性和挑战性，养成良好的运动习惯，提高自我管理和自我保护的意识。同时，感受中国勇士的顽强勇敢，激发幼儿积极运动的兴趣。通过运动让幼儿具备一定的身体力量，克服运动中的心理恐惧，从而顽强地战胜自我。

2. 活动目标

①让幼儿乐意参加户外运动，体验中国战士的勇敢、坚强，感受挑战游戏成功后的自豪感。

②让幼儿熟练地完成平衡、投掷、攀爬、跳跃、悬吊等基本动作，通过各种运动增强其四肢的力量和身体的灵活性，促进其运动技能的发展。

③能积极主动挑战新游戏，遵守游戏规则。

3. 活动准备

音乐准备：热身音乐《快乐骑兵》；游戏音乐《我是小海军》《士兵突击系列歌曲》；放松音乐《中国梦儿童版》。

材料提供

炮兵训练营：海洋球100个，立架2个，宽5米、高2米的布洞1块，警戒线标志。

雪豹突击队：拱门4个，海绵垫4床，折叠楼梯2个，攀爬架4个，吊铃4个。

跳伞小兵：油桶3个，平衡凳6个，低、中、高弹跳训练凳1个，海绵垫3床，木楼梯3个。

中国战车：各类车子，停车区。

射箭基地：弓3把，箭32支，靶子3个，桌子2张，篮子1个。

4.活动过程

（1）热身运动：开始运动热身，舒展身体

（2）交流谈话：了解区域游戏及材料玩法

师：今天我们每个班级都有小小训练营，训练营里有许多饮料瓶、沙包、椅子、彩虹圈等材料。等会我们就和老师、朋友一起去别的班级看看有哪些好玩的游戏？

①第一轮游戏：班级教师带幼儿到不同班级自主选择游戏。

②第一轮的游戏小结：（15～20分钟后），让幼儿集合，小结游戏情况。

师：刚才你进行了哪个游戏？遇到什么困难？怎么解决的？还想玩什么游戏？

③第二轮游戏：鼓励幼儿大胆选择班级、区域、同伴自主进行游戏。班级教师在班级进区指导游戏。

④第二轮游戏小结：（15～20分钟后）班级幼儿集合，小结游戏情况。

（3）结束部分：放松运动，小结本次活动

①听音乐，收集整理游戏材料。

②放松运动。

③班级教师进行小结。

师：今天你们和谁玩了哪些游戏？遇到什么困难？谁帮助了你？

【游戏片段及分析】

游戏片段1：炮兵训练营

观察对象：大（四）班15名幼儿

观察场地：大操场——炮兵训练营区域

在操场的一块空地上，大（四）班的15名幼儿围在一起。浩浩说："我们来玩'中国炮兵'的游戏吧。"另外3个男孩齐声回应："好的。"他们在地上用粉笔沿着跑道线画出了一条出发线，还很快地用轮胎高低错落地摆成了一个营地。在距离出发线 20 米处，他们放了一个纸箱、一个油桶，西西说："你们看到了吗？那个放纸箱和油桶的地方，就是敌人的'碉堡'，我们可以带上'手榴弹'和'炸药包'，把它炸掉。"男孩们都很兴奋，其中有 2 个男孩搬来了立架（2 个）、5 米宽 ×2 米高的布洞（制作布洞说明：一块大布，剪出大小不同的洞）。随后，男孩将布的两端固定在立架上，并将立架架在了距离出发线 10 米的地方，这里距离油桶大概 10 米，处于场地中间。3 个女孩来到了布的一边，男孩站到了布的另一边。1 个男孩说："我们都要退到'警戒线'后面扔'手榴弹'。"于是，他呼唤全体男孩退到起点线，和自己站在一起，女孩退到了布的另一边站在油桶的前面，1 个女孩拿来了粉笔在地上画上一条线，并说："这就是我们的阵地，这条线是警戒线。"此时，区域内分成了男生、女生两个片区。男生守着轮胎营地，女孩守着油桶营地。女孩站在自己这一边的警戒线处，手持"手榴弹"对准布洞。男孩的轮胎营里传来浩浩的喊声："发射。"营地里的男孩将海洋球扔向了布洞另一边的女孩，两边依次发射了许多轮。

女孩营地里的晶晶提议："现在我们队要去攻击那个'轮胎营地'了。那块布遮挡了视线，但是我们跑过去扔'炸药包'还是会被发现的。"

4 个女孩到了移动材料区，拿来了一些大纸箱，放在自己的营地前，错落地摆在自己这半边的区域里，然后背着蓝色的垫子，开始在地上匍匐前行。1 个女孩边背"炸药包"，边说："我们队要注意掩护，如果我说'敌人来了'你们就趴下，或者躲在纸箱后面。"

男孩见状，去"CS 雷战区"，拿来了几把"机枪"。1 个男孩说："如果他们背着'炸药包'过来，我们就用'机枪'扫射，千万别让他们扔'炸药包'把营地给炸了。"

一会儿，几个男孩开始用"机枪"瞄准前行的女孩，他们也找来了一些大的纸箱当掩护。女孩那边趴在地上匍匐前行，前进几步，就用纸箱挡住自己的身体不被敌人发现。剩下的小队员，仍然用海洋球当"手榴弹"向布洞里扔过去"袭击"对方。女孩背着"炸药包"快要越过中线了，男孩用"机枪"扫射了几个女孩，有一个女孩趁男孩在用"机枪"扫射同伴时，飞速地冲向敌方，把身上的"炸药包"扔向对方的堡垒中，一时间女孩齐叫："嘣，'碉堡'炸掉啦。我们赢了！"

教师思考

第一，目标明确，规则明晰，明确角色意识。例如，在营地作战游戏中，男女双方队伍里都会有一个比较主动的幼儿，像队员里面小队长的角色。这种角色分配是随着游戏情境的深入产生的。第二，自主游戏，积极参与。游戏中，幼儿会分为不同的阵营，利用海洋球、垫子等物体想象成各种作战工具，来参与攻、守的游戏。教师在一旁指导、观察，把游戏的主动权完全交给幼儿。第三，创新探索，后续延伸。下一步还可提供红旗等材料，有助于幼儿在"炮兵训练营"游戏中，延伸出夺旗大战等攻守游戏，教师始终鼓励幼儿进行持续探索和创新。

图 5-27 炮兵训练营

游戏片段 2：雪豹突击队

观察对象：20 名幼儿

观察场地：大操场——雪豹突击队区域

在这个区域中，幼儿用不同的器材摆成了 3 条不同的通道。通道一：4 个拱门依次间隔排开，每个拱门相隔 5 米左右。通道二：4 个折叠楼梯 45 度打开依次间隔排开，每个楼梯相隔 5 米左右。通道三：4 个攀爬网架 45 度打开，依次间隔排开，每个攀爬网间隔 5 米左右，组成通道。每条通道上方系有高低不同的铃铛，通道下放置海绵垫。大概有 20 个幼儿参与这个游戏，他们七八个人为一组选择不同通道路线，在起点排队，一个接一个以不同方式爬过或钻过通道。男孩小亚说："我们爬过去的时候，千万不要碰到那个吊铃，如果碰到了，敌人就会发现我们，我们完成了突击任务，就可以去跳台那边练习了。"

图 5-28 雪豹突击队 1　　　　　　图 5-29 雪豹突击队 2

教师思考

　　材料的投放，激发了幼儿的游戏兴趣。活动的引发，源于幼儿对解放军游戏的情境衍生，教师在幼儿游戏过程中，随着他们的经验和关注点，逐步增加材料有趣的小型器械——吊铃，当敌人钻通道碰到吊铃时，它就会发出响声，就代表突击任务失败了。通过这一小小材料的投放，使幼儿的游戏更趋真实，每一点改变都能带给幼儿无穷的乐趣和思考，也促使幼儿在钻爬时动作更规范，注意力更集中。

游戏片段 3：跳伞小兵

　　观察对象：20 名幼儿

　　观察场地：大操场——跳伞小兵区域

　　当突击队的幼儿闯过三条通道后，他们来到了跳台的旁边。1 个男孩说："你们看，那里有楼梯斜桥，我们要爬过楼梯斜桥，跳过跳台，才能到那边的射击区去射击敌人。"另外 1 个男孩说："这边太高了，我从这个斜桥上过去，然后从矮一点的条凳上跳下去。"只见他往下跳的时候，双脚起跳，脚掌着地，同时身体自然下蹲。

　　第一个跳伞点，一个中班的女孩子走过楼梯后，站上了竖立的油桶，从油桶上往下跳，同时身体稳稳落地，找到了身体的平衡。第二个跳伞点，另一个小女孩慢慢走过平衡凳架起的楼梯后，站到油桶上竖立的小跳凳上，双手举平，双脚并拢，站在小跳凳上往下跳，跳到垫子上时，她开心地笑了。第三个跳伞点，一个男孩勇敢地走过了平衡凳架着的梯子，然后来到竖立的油桶前面，站到大号高跳凳上。男孩举起手臂，下蹲，然后往下跳跃，稳稳落地。接下来，每个幼儿都会根据自己适合的高度选择不同的跳台，选择一条合适的"道路"到达不同难度的"跳伞点"，依次从跳台上跳下。有几个男孩在完成了第一个跳伞点的任务后，又依次来到了第二个、第三个跳伞点接受挑战。在 20 分钟内，大概有 30 个幼儿到跳台区参加游戏，他们自由地选择三条道路，选择自己想要挑战的高度。

图 5-30　伞兵小兵 1　　　　　　　　图 5-31　伞兵小兵 2

教师思考

退位观察，支持幼儿。游戏中，第一种方式是站在油桶上直接往下跳，跳的高度最低。第二种方式是站在油桶上的小跳凳上往下跳，跳的高度较高。第三种方式是在油桶上的高跳凳上往下跳，对应的高度最高。幼儿尝试利用高低不同的油桶和跳凳，从高处往下跳。在观察游戏时，教师并没有去干预幼儿，而是把选择的权利交给幼儿。认识自我，不断调整。从游戏的现场来看，敢于挑战最高跳凳的幼儿不在少数，幼儿在游戏中能比较清晰地自我认知，能完成什么高度的游戏，但同时又挑战自我、超越自我。在尝试和挑战中，不断调整和思考，总结自己和别人的经验，改进自己的行动。

游戏片段 4：中国战车

观察对象：20 名幼儿

观察场地：大操场——中国战车区域

"伞兵们，集合！"1 个大（二）班的男孩呼唤着自己的朋友，"你们看我们要去那边射箭，射箭区在那边，你们要不要一起去？"男孩们回答："好的，我们去！"这个男孩又说："大家听我的，你们看我们排队跑过去，也可以骑车去。谁愿意和我一起骑车去？"5 个男孩跟随这名男孩来到了"中国战车"区，他们站在起点排队，然后选择合适的车子。他们选择了 2 辆自行车、1 辆三轮车，依次出发，沿着大操场骑行并冲过斜坡，来到了"射箭基地"门口。

图 5-32　中国战车 1

图 5-33　中国战车 2

教师思考

游戏中自然生成小领袖。大班幼儿有较强的自我认知能力和合作能力。游戏过程中，生成了有组织能力的幼儿，他在游戏中起到了领袖的作用，是游戏的推动者和指导者。他们善于在活动中发现新的游戏方法和游戏契机，发表自己的观点，引导同伴一起游戏。教师不需要想方设法地要求幼儿合作，自然而然地给了幼儿合作的内驱力，激发了幼儿与同伴合作，推动游戏往更高水平发展。

游戏片段 5：射箭基地

观察对象：5 名幼儿

观察场地：户外射击区——射箭基地区域

5 个男孩来到了射箭区，他们依次在队伍后面排队。轮到其中一名男孩时，他将桌子摆成一排当作起点，拿起放在桌面上的弓箭，朝着距离 3 米左右的靶处射箭，边玩边说："真好玩，我射到靶子上了。"这时，来了一个小班的小朋友，男孩说："小弟弟，你把这个弓箭投到篮子里去。别害怕，用力往前投。"他抓着弟弟的手和他一起玩游戏。

教师思考

自我意识增强，我的游戏我做主。游戏中，男孩发起了游戏，并在游戏中担当领导者，参与游戏的主动性很强，能向同伴介绍自己的玩法，并善于总结经验。具有爱心，社会性强。大班幼儿能关爱小班幼儿，并能根据小班幼儿的年龄特点判断他还不会射箭，指导小班幼儿以别的方式游戏，说明他分析能力强，具有爱心，社会性发展良好。

5. 家园共育

家长让幼儿对"小小兵"角色进行更多的了解，如观看炮兵训练的视频、伞兵的日常工作等，为幼儿融入角色进行经验的铺垫，有利于幼儿在幼儿园游戏的开展。

6. 活动评析

（1）支持幼儿游戏需要，尊重幼儿的主体地位

在以军事游戏为主线的游戏中，幼儿自己创造游戏场地，如"射箭基地""中国战车""炮兵训练营"等自选区域；共同创设、规划游戏场地；自选同伴，开展了多轮游戏。在熟悉区域后，幼儿的游戏场面让人感到有规则、有情境、有创新。在整个游戏过程中，幼儿不断进行尝试和调整，表现出积极主动、敢于尝试的学习品质，最终完成自己游戏的目标。在整个活动中，幼儿的运动能力、合作意识、抗挫精神、坚强的意志等综合能力均得到了较大提升。

（2）小组合作，促进幼儿社会性水平的发展

在游戏的过程中，幼儿自发创造、小组结队，在与同伴的合作中，挑战不同的项目，萌发了极强的荣誉感。例如，在"雪豹突击队"中要接受突击任务，需要闯关通过三条道路，幼儿在铺设道路时，遇到问题会寻求同伴的帮助，有难关时，也知道与朋友沟通，整个游戏过程体现了较强的合作性。游戏过程不仅锻炼了幼儿的协调能力，增强了合作意识，还有效地提升了幼儿的交往能力，促进了幼儿社会性发展。

（3）混龄游戏，促进大带小的互动参与

在游戏中，我们可喜地看到，许多大班幼儿愿意在游戏中带领小班幼儿参加游戏。有时会在难度大的游戏中，帮扶一把，有时会牵着弟弟妹妹的手带领他们挑战。在大带小的混龄游戏中，培养了幼儿的爱心，增强了他们对军旅生活的认识和了解。

第六章

幼儿园其他类型体育活动案例及分析 »»

一、"童心趣玩，乐迎新年"——元旦节晨会活动案例及分析

（一）活动背景

元旦，即公历的1月1日，是世界上多数国家通称的新年。"元旦"即"初始之日"的意思，俗呼新年，一岁为序，此为之守。在我国，元旦是我们的传统节日，是庆贺新年的开始，它被列入了我国法定假日，欢度元旦也成了我国各地区元旦节的习俗。

"童心趣玩、乐迎新年"活动蕴含着丰富的教育资源和价值。在《指南》中"带幼儿观看和共同参与传统民间艺术和地方民族文化活动""利用民间游戏、传统文化等，适当向幼儿介绍我国主要民族和世界其他国家和民族的文化，帮助幼儿感知文化的多样性和差异性"的精神引领下，本次活动将健康、语言、社会、艺术等领域的教育价值巧妙融合在日常教育活动中以及环境创设中，用幼儿喜欢的运动游戏如"舞龙""打年兽"等活动，促进幼儿合作、交往、运动技能等方面的发展，加深幼儿对元旦的了解，激发幼儿对传统民俗节日的兴趣，增强幼儿的民族自豪感和自信心，促进中华优秀传统文化的传承和发展。

（二）活动方案

1.活动主题

童心趣玩，乐迎新年。

2.活动目标

①愿意参加元旦活动，对元旦活动感到欣喜与好奇，感受传统节日的魅力。

②知道1月1日是元旦，了解元旦的来历和习俗。

③积极探索多种民间游戏的玩法，并尝试解决游戏过程中遇到的困难。

3. 活动时间

12月31日。

4. 活动地点

地点：幼儿园大厅、幼儿园户外操场。

5. 参与人员

全体师生。

6. 活动准备

（1）环境创设准备

①在幼儿园大厅及班级教室进行环境创设。

②制作户外游戏项目宣传板，准备元旦游艺活动材料。

③准备符合元旦节日氛围的背景音乐。

推荐歌曲：《好运来》《好日子》《新年快乐》。

（2）活动材料准备

LED屏幕"童心趣玩，乐迎新年"、灯笼、音响、活动运动器械、起点和终点标识、标志碟。

（3）知识经验准备

①知道1月1日是元旦。

②了解一些关于元旦的来历及习俗。

③了解元旦游戏内容以及规则。

（4）其他资源准备

①教师配合：了解相关活动事宜，配合年级组做好活动事宜准备，帮助幼儿对元旦活动内容有一定的认识，了解游艺活动内容。宣传部做相关活动报道、活动展板。

②家长配合：提前发放活动预告，让家长了解活动内容，提醒家长在安全、着装、幼儿前期经验等方面进行配合。

7. 活动推进及人员分工表

活动推进及人员分工表见表6-1。

表6-1　活动推进及人员分工表

序号	时间推进	工作内容	负责人	备注
1	活动前两周	召开元旦活动专题会议，确定项目负责人，参会人员认领任务	教学园长、保教主任	讨论、确定活动方案，并调整活动具体情况

续表

序号	时间推进	工作内容	负责人	备注
1	活动前两周	做好幼儿园大厅、户外环境布置，做好元旦节气环境创设	宣传组组长	让幼儿作品、童言童语成为环境的一部分
		准备幼儿园元旦物资	后勤主任	根据宣传组的布置需求提供相应物资
2	活动前一周	明确活动的规则以及教师分工	项目负责人、体育组教师	项目负责人介绍游戏；体育组教师进行运动项目重点规则的介绍以及幼儿运动安全的提示
		完成班级元旦环境创设	各班班长	用幼儿元旦作品等装饰教室
		了解元旦由来，开展主题教育，并做好相关礼仪教育	各班教师	在语言活动以及艺术活动中开展
		完成元旦活动预告展板以及邀请函的制作	宣传组组长	根据活动方案进行
		录制师生新年祝福小视频	项目负责人宣传组	分批次录制各部门新年祝福，并制作剪辑
		发放活动预告微信	各班级教师项目负责人	强调活动着装以及流程
3	活动当周	召开全体员工大会，根据各个小组参与活动情况，落实活动现场所有事宜，做好人员分工	教学园长、保教主任、保健医生	园长进行活动动员；保教主任落实活动的人员分工；各班教师进行相关物品以及场地的明确；保健医生做好幼儿运动中的护理注意事项
		幼儿户外运动安全常规教育	班级教师	强调幼儿着装、汗巾等物品的准备
		配合年级组做好游戏规则的介绍	班级教师	可以结合视频、图片等资料引导幼儿了解各个游戏营的特点
		提前录制新年祝福视频	班级教师、宣传组组长	宣传组统一视频要求（横屏、3分钟之内）

续表

序号	时间推进	工作内容	负责人	备注
4	活动前一天	布置大操场环境：场地中间铺红毯，大门口挂灯笼或国旗，LED屏及音响设备	后勤主任	做好场地安全检查
		主持人、现场摄影、运动训练营各个定点负责人	项目负责人	做好责任到人、到点

8. 活动流程及内容

（1）许下新年愿望——启新年之门

时间：早上入园时间。

地点：幼儿园大厅。

（2）红红火火迎新年——承新年之篇

时间：9：00—9：20。

地点：幼儿园操场。

（3）浓浓传统逛庙会——浸游园之味

时间：9：20—10：00。

地点：幼儿园操场。

9. 活动小结

活动结束后，及时召集活动项目负责人，对活动整体情况进行总结与反思。

（三）活动实录

1. 活动相关环境布置

图6-1 元旦节晨会1　　　　图6-2 元旦节晨会2

图 6-3 元旦节晨会 3　　　　　　图 6-4 元旦节晨会 4

2. 来园准备：8：00—9：00

活动准备：确定各环节人员到位，检查活动场地、器械是否安全和到位。

氛围准备：播放热场音乐，提醒各班按指定位置在操场集合等待活动开始。

3. 启动节庆活动：9：00—9：30

（1）许下新年愿望——启新年之门

活动时间：幼儿入园时间 7：30—9：00。

活动地点：幼儿园大厅。

活动内容：活动前，幼儿在家自制一张许愿卡，在许愿卡上写上自己的名字和愿望或者家长对幼儿的寄语，并完成许愿卡的制作和装饰，准备好红色绳线将许愿卡拴好，活动当天可挂在幼儿园大厅的许愿树上或投到幼儿园的许愿箱里，寓意开启梦想之门，成就未来之路。凭借许愿卡可领取一张"庙会邀请卡"，在"元旦迎新游艺"活动当天使用。

（2）红红火火迎新年——承新年之篇

活动时间：9：00—9：20。

活动地点：幼儿园操场。

①大班幼儿舞龙、舞狮表演，现场互动，开启仪式。

②园长致辞，送新年祝福，欣赏幼儿及教师录制的新年祝福视频。

③中华礼仪教育：学习拱手礼（男女青年教师各一名，着传统服装讲解示范，带领幼儿练习）。

（3）浓浓传统逛庙会——浸新年之味

活动时间：9：20 整理场地。

活动地点：幼儿园操场。

项目一：舞龙游戏

活动材料：舞龙服饰、道具。

游戏玩法：幼儿6人为一组，手持舞龙道具长棍，合作将"龙"立起来，自由探索游戏玩法，并尝试听指令合作完成摇头摆尾（左右摆臂、上下抖动），龙头戏珠（龙头跟着彩球灵活运动，后面的人跟着龙头），首尾合一（龙头和龙尾连接在一起围成圆圈状）等表演。

项目二：打年兽

活动材料：年兽图案若干、粘靶球、玩具筐、起点与终点标志线。

游戏玩法：幼儿手持粘靶球，自由选择击打目标（年兽），站在标志线上投掷。

（四）家园共育

1. 让环境与家长对话，变"被动了解"为"主动参与"

变化而又能反映教学内容的环境能吸引家长主动参与教育活动，通过幼儿园大厅、公共区域、班级教室等环境的创设，利用灯笼、对联、玩具爆竹等极具元旦特色的物品，营造节庆活动的氛围，引导家长与幼儿共同制作许愿卡，让许愿卡也成为环境的一部分，引导家长主动参与，拓展幼儿生活与学习的空间。

2. 发挥幼儿的纽带作用，变"希望家长做"为"指导家长做"

家庭是幼儿园的重要合作伙伴。活动前期，教师及时与家长分享节庆活动的进程，如语言活动"元旦的来历"、拍摄新年祝福语等，用丰富的活动内容，以分享的形式调动家长的参与性。同时，利用预告展板、邀请函让家长明确活动背景、内容，增加家长的参与度。

（五）活动评析

1. 问题导入，需求驱动，探究节庆活动教育价值

正值元旦迎新之际，教师和幼儿一起开始了关于节日庆祝的相关讨论。幼儿眼中的新年是红红的、是开心的、是最热闹的，是和家人、朋友一起许下新年愿望的一天。顺应幼儿有趣而充满童真的想法，让幼儿体验轻松、快乐、自由的元旦氛围，增进幼儿与教师、同伴间的感情，感受热闹温馨的节日气氛。在活动前，通过幼儿调查、教师审议、家长参与的形式赋予节日庆祝的基调，抓住节庆的这一契机，将"课程"和"文化"两条主线相互编织，使中华优秀传统文化渗透其中，

确定了元旦活动主题为"童心趣玩、乐迎新年"。活动中，幼儿身穿各民族服饰充当礼仪小明星，热情地与老师、同伴参与"舞狮、舞龙、打年兽"的游戏，化身小小玩家，在这些蕴含着浓浓的传统文化的游艺活动中，感受新年的热闹氛围，在红红火火的时光里，开启新年的美好篇章。

2. 厚植传统，有机融合，支持发展幼儿的自主游戏

舞龙俗称玩龙灯，是中华民族的传统民俗文化活动。龙是古老的图腾，人们往往以舞龙的方式来祈求平安和吉祥。每逢喜庆节日，人们都会舞龙。舞龙时，龙跟着绣球做各种动作，不断地展示扭、挥、仰、跪、跳、摇等多种姿势。在舞龙表演中，幼儿在跑、举、走中，不断锻炼手部力量和耐力，并且舞龙是一项多人游戏项目，活动给予幼儿与同伴合作游戏的机会，让幼儿在游戏情境中不断地分工、交流、反思、调整。"打年兽"游戏中，创设"年兽"图案张贴在背景墙上，作为投掷目标，选择粘靶球作为投掷材料，为幼儿营造热闹快乐的过年场景及游戏氛围，吸引幼儿自主进行投掷游戏。

二、"浓情端午，纵享欢乐"——端午节晨会活动案例及分析

（一）活动背景

每年农历五月初五，是中华民族传统的节日——端午节，又称端阳节、龙舟节、重五节等。 2009 年 9 月，端午节被联合国教科文组织正式批准列入《人类非物质文化遗产代表作名录》，成为中国首个入选世界非遗的节日。作为中华民族传统佳节，端午节背后记录着丰富多彩的社会生活文化内容，也积淀着博大精深的历史文化内涵。

《指南》指出："利用民间游戏、传统文化等，适当向幼儿介绍我国主要民族和世界其它国家和民族的文化，帮助幼儿感知文化的多样性和差异性。"为了弘扬传统文化，让幼儿更加直观了解端午节，知道端午节的由来，感受端午节丰富的文化内涵，丰富幼儿的生活经验，激发幼儿初步的爱国主义情感，在端午节来临之际开展"浓情端午，纵享欢乐"晨会式节庆活动，在"看一看，说一说"语言活动中了解端午节的由来和传说；在"做一做，画一画"艺术活动中做香囊、编五彩绳，感受传统习俗的魅力；在"玩一玩，比一比"体育游戏中体验端午节的庆祝方式。根据幼儿特点，运用龙舟、小推车、沙包、羊角球、同心板增大游戏难度，丰富游戏层次，设置送粽子、划龙舟情境，让幼儿在"玩一玩，比一比"中主动积极参与体育活动，感受团队合作的乐趣。

（二）活动方案

1.活动主题

浓情端午，纵享欢乐。

2.活动目标

①让幼儿愿意参与端午节活动，感受传统节庆活动的氛围和文化内涵。

②幼儿能积极参与端午节传统习俗"划龙舟"活动，体验同伴合作的快乐。

③了解端午节的历史由来及传统习俗。

3.活动时间

农历五月初五上午9：00—l0：00。

4.活动地点

幼儿园大操场。

5.参与人员

全园师生。

6.活动准备

（1）环境创设准备

①利用艾草、粽子、粽叶、香囊、龙舟等元素装饰幼儿园大厅以及户外大操场。

②准备符合端午节节日氛围的背景音乐。

推荐歌曲：《离骚》《赛龙舟》。

③做好班级主题墙的创设，进行端午节由来、幼儿调查表、美术作品等展示。

（2）活动材料准备

LED屏幕"浓情端午，纵享欢乐"、龙舟、起点和终点标识、标志碟。

（3）知识经验准备

①知道每年的农历五月初五是中华民族传统节日——端午节。

②了解端午节的一些传统习俗。

③了解端午节的一些歌曲。

（4）其他资源准备

①教师配合。了解相关活动事宜、配合年级组做好相关准备工作，提前做好有关端午节主题教育。宣传部做好相关活动报道、活动展板，体育组完成活动器械有关安全和数量的检查。

②家长配合。通过提前发放活动预告，让家长了解活动内容，提醒家长在安全、着装、幼儿前期经验等方面配合。

7. 活动推进及人员分工表

活动推进及人员分工表见表 6-2。

表 6-2　活动推进及人员分工表

序号	时间推进	工作内容	负责人	备注
1	活动前两周	召开端午节活动专题会议，确定项目负责人，参会人员认领任务	教学园长、保教主任	讨论确定活动方案，调整活动的具体情况
		做好幼儿园大厅、户外环境的布置，做好端午节环境的创设	宣传组组长	让幼儿作品、童言童语成为环境的一部分
		准备端午节物资	后勤主任	根据宣传组的布置需求提供相应物资
2	活动前一周	明确"划龙舟"活动的规则以及教师分工	项目负责人、体育组教师	项目负责人介绍游戏；体育组教师提示运动项目的重点规则和幼儿的运动安全
		完成班级端午节环境的创设	各班班长	用幼儿端午节作品等装饰教室
		讲解端午节由来、屈原故事、端午习俗等内容	各班教师	在语言活动以及艺术活动中开展
		制作端午节活动预告展板和邀请函	宣传组组长	根据活动方案进行
		发放活动通知	各班级教师、项目负责人	强调活动着装以及流程
3	活动当周	召开全体员工大会，落实活动现场所有事宜，根据各个小组参与活动情况，做好人员分工	教学园长、保教主任、保健医生	教学园长进行活动动员；保教主任落实活动的人员分工；各班教师进行相关物品以及场地的明确；保健医生做好幼儿运动中的护理事项
		幼儿户外运动安全常规教育	班级教师	强调幼儿着装（运动鞋、汗巾等物品准备）

续表

序号	时间推进	工作内容	负责人	备注
4	活动前一天	布置大操场环境，排查场地安全	后勤主任、体育组	做好活动场地、活动器械（龙舟）的安全检查
		主持人、现场摄影、运动训练营各个定点负责人	项目负责人	做好责任到人、到点

8. 活动流程及内容

（1）《粽之源——端午的由来》，国旗下讲话暨升旗仪式9：00—9：20

①观看关于端午节来历的故事视频，9：00—9：10。

②唱童谣《端午节》，班级老师领舞，9：10—9：20。

（2）《粽之悦——户外游戏：纵享欢乐》9：20—10：00

（3）收拾整理

9. 活动小结

活动结束后，及时召集活动项目负责人，总结与反思活动整体情况。

（三）活动实录

1. 活动现场

图6-5　端午节晨会1　　　　图6-6　端午节晨会2

图6-7　端午节晨会3　　　　图6-8　端午节晨会4

2. 活动详情

（1）来园准备：8：00—9：00

①活动准备：确定各环节人员到位，检查活动场地、器械是否安全和到位。

②氛围准备：播放热场音乐，提醒各班按指定位置在操场集合等待活动的开始。

（2）启动节庆活动：9：00—10：00

①《粽之源——端午的由来》，国旗下讲话暨升旗仪式 9：00—9：20。

观看关于端午节来历的故事视频，了解端午节习俗；唱童谣《端午节》，小班幼儿进行端午节手势舞的展示，中班幼儿进行儿歌表演，大班幼儿进行舞蹈表演。

②《粽之悦——户外游戏：纵享欢乐》9：20—10：00。

项目一：龙舟竞渡

活动材料： 龙舟，起点、终点标志桶。

游戏玩法： 幼儿四人一组，坐上旱地龙舟从起点出发，一起合作向前滑行，"小龙舟"沿着赛道到达终点后，四人合力将"小龙舟"掉头滑向终点。

项目二：运粽子

活动材料： 小推车，沙包，筐子，起点、终点标志桶。

游戏玩法： 幼儿分成4组，每组第一位幼儿从起点出发，将粽子（沙包）放置小推车中，快速推向终点，将粽子（沙包）放到终点筐中，再立即返回将推车传给下一个幼儿。

项目三：花式龙舟

活动材料： 羊角球，起点、终点标志桶。

游戏玩法： 幼儿四人一组，骑在"龙舟"（羊角球）上首尾相连成一条线，从起点出发，一起合作向前骑行，"小龙舟"沿着赛道到达终点后，四人合力将"小龙舟"掉头骑向终点。

项目四：同心协力

活动材料： 同心板，起点、终点标志桶。

游戏玩法： 幼儿两人一组，一前一后尝试穿上"同心鞋"，听口令从起点出发走向终点。

（四）活动评析

1. 共感体验，享传统文化之魅力

活动以"浓情端午，纵享欢乐"为主题，营造浓厚的节庆氛围，在"粽之源——端午的由来"活动中，通过和爸爸妈妈上网收集端午节的来历，和同伴观看"端午节的风俗与来历"视频了解端午节小知识；在"粽之悦——户外游戏：纵享欢乐"中体验端午节赛龙舟的乐趣。在这次活动中，幼儿感知端午、走进端午、乐玩端午，体会着传统节日的童趣，同时在参与的过程中也进一步感受到了民族文化的魅力和传统民间游戏的快乐，体验了相互帮助、友好合作、一起分享的快乐。

2．满足需求，品民俗民风之乐趣

赛龙舟是中国端午节的习俗之一，也是端午节最重要的一项节日民俗活动。为了让幼儿体验传统文化，感受浓厚的节日氛围，活动前，我园教师结合教研活动讨论了适合该年龄阶段幼儿的不同玩法。例如，用传统旱地龙舟的游戏方式让幼儿了解端午节的传统习俗，通过合作行走动作练习，锻炼幼儿腿部肌肉力量和耐力，提高幼儿的平衡能力和协调能力；用小推车送"粽子"的情境吸引幼儿的参与兴趣，在"推、跑"活动中，锻炼幼儿手部肌肉的力量和耐力；"花式龙舟"游戏中，用羊角球、同心板齐心协力向前冲的方式帮助幼儿进一步感受合作的重要性。端午节活动形式多样，妙趣横生，让幼儿在游戏中感受端午之趣，品味端午之乐。

三、"学做解放军，铸梦童心"——国庆节晨会活动案例及分析

（一）活动背景

金秋十月，为提高全体师生的爱国意识，增强其爱国情感，陶冶其爱国情操，从而进一步弘扬爱国主义旋律，激发全体师生的爱国热情，我园特举行国庆主题活动之"祖国妈妈，我爱您——学做解放军"系列活动。活动中幼儿在现场观看交警队国旗班的战士举行的升旗仪式，零距离感受人民警察的风采。在"学做解放军，铸梦童心"运动游戏中，体验海军、陆军、空军、侦查训练营情境，勇敢、顽强、坚韧不拔地挑战，培养幼儿热爱祖国的情怀和身为中国娃的自豪感，在每个幼儿幼小的心灵中播下了爱祖国、爱家乡的种子。

（二）活动方案

1．活动主题

学做解放军，铸梦童心。

2．活动目标

①让幼儿知道10月1日是中华人民共和国成立的日子，激发幼儿热爱祖国、热爱家乡，为祖国感到骄傲的美好情感。

②让幼儿愿意大胆参加海军、陆军、空军、侦查训练营游戏，勇敢地参与游戏，

遵守游戏规则，情绪饱满地"筑童心、壮国威"。

③参加庄严神圣的升国旗仪式，用自己的方式表达对祖国妈妈的热爱之情。

3. 活动时间

9月30日。

4. 活动内容及地点

（1）主题交流和升旗仪式

时间：9月30日上午9：00。

地点：幼儿园大操场。

（2）多彩解放军训练营

时间：9月30日9：30。

5. 参与人员

全体师生。

6. 活动准备

（1）环境创设准备

①大班幼儿在幼儿园大厅进行长城主题的搭建。

②利用彩旗、灯笼、国旗、红毯等元素装饰幼儿园大厅以及大操场。

③准备符合国庆节节日氛围的背景音乐。

推荐歌曲:《歌唱祖国》《国旗国旗真美丽》。

（2）活动材料准备

LED屏幕"学做解放军，铸梦童心"、国旗贴纸、音响、各个训练营运动器械、起点和终点标识、标志碟。

（3）知识经验准备

①知道10月1日是国庆节。

②了解一些关于国庆节的歌曲。

（4）其他资源准备

①教师配合。教师要了解相关活动事宜、配合年级组做好活动事宜准备、提前做好有关国庆教育及垃圾分类知识、会唱《歌唱祖国》。宣传部做相关活动报道、活动展板。

②家长配合。教师提前发放活动预告，让家长了解活动内容，提醒家长在安全、着装、幼儿前期经验等方面进行配合。

③提前联系交警队国旗班来园举行升旗仪式。

7. 活动推进及人员分工表

活动推进及人员分工表见表6-3。

表6-3 活动推进及人员分工表

序号	时间推进	工作内容	负责人	备注
1	活动前两周	召开国庆节活动专题会议，确定项目负责人，参会人员认领任务	园长、教学园长、保教主任	讨论确定活动方案，并对活动的具体情况做调整
		做好幼儿园大厅、户外环境的布置，做好国庆节节气环境的创设	宣传组组长	让幼儿作品、童言童语成为环境的一部分
		准备幼儿园国庆节物资	后勤主任	根据宣传布置需求，提供物资
2	活动前一周	明确活动规则以及教师分工	项目负责人、体育组教师	项目负责人介绍游戏；体育组教师进行运动项目重点规则以及幼儿运动安全的提示
		完成班级国庆节环境的创设	各班班长	用幼儿国庆节作品等装饰教室
		讲解国庆节由来、配合解放军训练、主题教育，并做好相关礼仪及爱国教育	各班教师	在语言活动以及艺术活动中开展
		完成国庆节活动预告展板以及邀请函的制作	宣传组组长	根据活动方案进行
		发放家长预告微信，对接武警总队，确定升旗具体细节	各班级教师项目负责人	强调活动着装以及流程
3	活动当周	召开部门例会，落实活动现场所有事宜，根据各个小组参与活动情况，做好人员分工	教学园长、保教主任、保健医生	教学园长进行活动动员；保教主任落实活动的人员分工；各班教师进行相关物品以及场地的明确；保健医生做好幼儿运动中的护理事项
		幼儿户外运动安全常规的教育	班级教师	强调幼儿着装（准备运动鞋、汗巾等物品）

续表

序号	时间推进	工作内容	负责人	备注
		配合年级组做好解放军训练营游戏规则介绍	班级教师	可以结合视频、图片等资料引导幼儿了解各个训练营的特点
4	活动前一天	布置大操场环境，挂彩旗、在场地中间铺红毯、大门门口挂灯笼或国旗、LED屏及音响设备	后勤主任	做好场地安全检查
		主持人、现场摄影、运动训练营各个定点的负责人	项目负责人	做好责任到人、到点

8. 活动流程及内容

（1）《筑童心 壮国威》，国旗下讲话暨升旗仪式9：00—9：30

①观看国旗班武警战士举行升旗仪式，9：00—9：10。

②园长进行国旗下的讲话，9：10—9：15。

③全体幼儿手持国旗合唱《国旗国旗真美丽》，全体教师合唱《歌唱祖国》，部分教师领唱，9：15—9：30。

（2）解放军训练营游戏

9：30后整理场地，中大班幼儿进行。

9. 活动小结

活动结束后，及时召集活动项目负责人，总结与反思活动的整体情况。

（三）活动实录

1. 活动相关环境布置

图6-9 国庆节晨会1　　图6-10 国庆节晨会2

图6-11　国庆节晨会3　　　　　　　图6-12　国庆节晨会4

2. 来园准备：8：00—9：00

活动准备：确定各环节人员到位，检查活动场地、器械是否安全和到位。

氛围准备：播放热场音乐，提醒各班按指定位置在操场集合等待活动的开始。

3. 启动节庆活动：9：00—9：30

（1）《筑童心　壮国威》——国旗下讲话暨升旗仪式

①观看交警队国旗班的升旗仪式。

②升旗仪式结束后由刘园长进行国旗下的讲话。

③教师、幼儿大合唱。

全体幼儿手持国旗合唱《国旗国旗真美丽》，领舞者：主持人。

全体教师合唱《歌唱祖国》，部分教师领唱。

（2）祖国妈妈，我爱您——学做解放军

项目一：海军训练营

活动材料：

长软棒、长板凳、梅花桩、麻袋、拱形门、海洋球。

游戏玩法：

幼儿可自由选择两条路线，跨过不断摇动的"海浪"（长软棒），保持平衡通过梅花桩或长板凳抵御"大风"袭击，开过"山洞"（钻过拱形门），快速从"平静的大海"（麻袋）上跑过，站在投掷点将"炸弹"（海洋球）投掷前方，到达终点，领取"海军训练合格证"。

项目二：陆军训练营

活动材料：

软垫、气球、沙包、栅栏、轮胎。

游戏玩法：

幼儿从起点出发，匍匐爬过"山洞"（软垫），跳起来用头去碰撞悬挂在空中的"战机"（气球），直至头撞到气球为止（气球高高低低悬挂），然后再去取"手榴弹"（沙包），站在投掷线处向敌人的"碉堡"（轮胎）投射"手榴弹"，打中后到达终点，领取"陆军训练合格证"。

项目三：空军训练营

活动材料：

麻袋、油桶、软垫、平衡台、S形路线标志。

游戏玩法：

幼儿"登机"（站在高度不同的麻袋、油桶上），进行"跳伞"（高下跳）练习，越过"大山"（双脚跳过平衡台），穿越"大草原"（踩着高跷在S路线上绕路障碍走），跨越小河（跨栏），到达终点，领取"空军训练合格证"。

项目四：侦察兵训练营

活动材料：

海洋球、彩虹隧道、软垫、栅栏、轮胎、麻袋、软棒。

游戏玩法：

幼儿站在起点处，手持海洋球钻过"隧道"，穿越"电网"（匍匐爬过栅栏），选择躲在"垛口""小山"（轮胎、麻袋不规则放置），躲过"敌人"软棒的"袭击"，迅速到达终点，领取"侦察兵训练合格证"。

（四）活动评析

1. 整合资源，多种途径，激发幼儿爱国之情

活动以"学做解放军，筑梦童心"为主题，小、中、大班幼儿伴着嘹亮的歌声，齐聚大操场，用注目礼看着迈着铿锵步伐、手持国旗向我们走来的省交警总队国旗班的战士。在庄严的升国旗仪式中感受国家的强大，在谈话活动中了解国庆节的由来，在户外LED屏播放的视频中了解中国文化及中国四大发明之一——造纸术，用稚嫩清脆的童音歌唱祖国，来诠释身为中国娃的自豪感，表达对祖国妈妈的热爱，共同庆祝祖国妈妈生日，让每个幼儿在幼小的心灵播下了爱祖国、爱家乡的种子。

2. 创设情境，激发兴趣，促进幼儿多元发展

在活动中，教师很好地用幼儿园活动器械表现解放军部队的特点：海军乘着大风跨越海洋；陆军跨越大山、躲避空中战机；空军抵抗压力、自由勇敢；侦察兵谨慎、认真的姿态。在游戏、角色情境中引导幼儿学会坚强、学会学习、练就本领。活动将投掷、障碍走、跑、跳等动作技能进行了情境性结合，用《义勇军进行曲》作为活动背景音乐，提供军帽、皮带、玩具手枪等，激发幼儿的活动兴趣以及其扮演解放军的热情。每个区域游戏难度都有所不同，从路线的距离、材料的难易替换，适合不同水平的幼儿参与，活动有清晰的起点、终点、投掷点等

标志，并有图文并茂的游戏规则牌，教师定点观察与指导游戏，并对重点游戏区进行保护（油桶、麻袋、栅栏等）。活动中，幼儿大胆参与，遵守游戏规则，当遇到困难时主动向同伴、教师寻求帮助，整个操场充满朝气、活力四射的氛围。

第二节　年级组体育擂台赛案例及分析

一、"抓尾巴"——中大班擂台赛活动案例及分析

（一）设计思路

民间体育游戏"抓尾巴"是一项趣味生动、深受幼儿喜爱的活动。运用简单的材料，创设情境，吸引幼儿的兴趣，在游戏中锻炼幼儿快速跑、追逐、躲闪的运动技能，发展其基本动作，促进其以体能为主的各方面发展。同时，创新了玩法的"抓尾巴"游戏结合擂台赛的形式，更具技巧性、难度性、互动性和能动性，幼儿在擂台赛中与同伴积极主动完成挑战，不仅能发展幼儿合作交往能力，让幼儿养成良好的规则意识，还能让幼儿形成积极的情绪情感。

（二）活动方案

1. 活动目标

①愿意参与擂台赛活动，体验民间游戏带来的乐趣。

②练习追逐、躲闪、快跑等基本动作，提高身体的灵敏性与协调性。

③能遵守游戏规则，学会与同伴合作，增强团队协作能力。

2. 活动时间

11 月 26 日下午。

3. 活动地点

幼儿园足球场。

4. 参与人员

项目负责人——体育组。

全体中、大班幼儿及教师。

5. 活动准备

（1）经验准备

①熟悉"抓尾巴"游戏，认识、了解擂台赛的活动形式及活动规则。

②加强运动安全教育，具有自我保护的能力。

（2）物质准备

衣服、尾巴道具（不同颜色的尾巴若干）。

6. 活动推进及人员分工表

活动推进及人员分工表见表6-4。

表6-4　活动推进及人员分工表

序号	时间推进	工作内容	责任人	备注
1	活动前两周	项目负责人制订方案，明确分工，由教学园长审核	教学园长	方案形成后在保教工作例会上传达，明确活动内容
		幼儿认知经验准备	各班级教师	根据活动内容，开展相关课程
2	活动前一周	准备好擂台赛所需的体育器械和相关的音乐	项目负责人	检查活动所需器械数量及质量，如有损坏及时更换
3	活动前三天	活动场地准备及材料准备，安排人员分工及站位	保教主任项目负责人	强调安全注意事项与人员分工合作
4	活动前一天	根据擂台赛所需，划分班级入座场地及比赛区域	项目负责人各班级教师	带领幼儿熟悉班级座位及比赛现场
5	活动当天	完成擂台赛所有项目及颁奖仪式	项目负责人各班级教师	教师有序组织幼儿比赛，保育员组织观赛幼儿的秩序，保健医生现场巡视

7. 活动组织流程表

活动组织流程表见表6-5。

表6-5　活动组织流程表

时间	项目	内容与要求	负责人
15：00—15：10	幼儿入场	根据场地划分有序入座	各班级教师
15：10—15：20	热身活动	主持人介绍活动流程，带领幼儿跳热身操	主持人
15：20—15：40	团队合作战（女孩组男孩组）	每班派出3位选手，拿取统一颜色的"尾巴"进行4队混合赛，抓取其他颜色的尾巴，最后剩下的队伍为胜者	项目裁判各班级教师
	团队合作战（混合组）	每班派出男女选手各2名，拿取统一颜色的"尾巴"进行4队混合赛，抓取其他颜色的尾巴，最后剩下的队伍为胜者	

时间	项目	内容与要求	负责人
15：40—16：00	尾巴之王	每班派出 3 名选手统一尾巴颜色出战，可抓取任意颜色的尾巴，当场上只剩最后一名选手时，比赛结束	项目裁判 各班级教师
16：00—16：15	尾巴收藏家	每班派出 3 名选手统一尾巴颜色出战，可抓取任意颜色的尾巴，抓到的尾巴拿在手上，当场上只剩最后一名选手时，比赛结束	项目裁判 各班级教师
16：15—16：30	颁奖仪式	根据得分结果，依次颁发团体及小组奖项	项目负责人

8.活动规则

（1）评判规则

①每名选手将一件分队服塞进裤子露出一定长度作为尾巴。选手不得以任何方法遮挡尾巴，尾巴长度应至少落至大腿中部。（如有选手在比赛中用手遮挡尾巴，取消本局资格）

②当选手的尾巴丢失时（包括被抓、自然掉落），选手失去竞赛资格，回到自己队伍的指定地点休息。

（2）记分规则

①团队合作战：胜者获得 5 分，第二名 4 分，第三名 3 分，最先出局队伍获 1 分。

②尾巴之王战：冠军 5 分，亚军 4 分，季军 3 分，其他 1 分。

③尾巴收藏家：每抓到一条尾巴得 1 分，如抓到的尾巴掉落被其他选手取得，则算其他选手得分。

（3）得分规则

①团体总分：以三个项目得分之和为班级总分，分冠、亚、季、优胜奖。

②项目总分：以每个项目班级得分情况，分冠、亚、季、优胜奖。

9.活动小结

活动结束后，及时召开保教工作会议，对整体活动质量进行反思与总结。

（三）家园共育

1.细致观察与对话，由"双方互动"改为"三方互动"

抓尾巴游戏能很好地引导幼儿练习快跑与躲闪的动作，提高幼儿身体的灵敏性和协调性。教师在活动中对幼儿游戏情况的观察与指导，不仅局限于教师与幼儿双方，还可以及时与家长交流，让家长了解幼儿的运动表现及发展，做相应的教育指导，取得家长的信任，从而实现家长与教师在教育幼儿方面产生共鸣。

2. 整合教育资源，从"幼儿荣誉"到"班级荣誉"

擂台赛的活动形式很好地锻炼了幼儿的交往能力，从个人赛、团队赛、班级赛不同的形式培养幼儿的集体荣誉感。教师在引导幼儿的同时，也能借助家长的力量。活动前，教师鼓励家长参与，让家长与幼儿一同设计班级的加油词；活动中，教师利用网络资源，及时与家长分享擂台赛动态，带动家长为参与的幼儿一同加油，让家长从关注"自己孩子"到关注"班级幼儿"；活动后，教师及时总结与评价活动情况。

（四）活动评析

1. 与传统对话，探秘民游之趣

《指南》指出："运用幼儿喜闻乐见的和能够理解的方式激发幼儿爱家乡、爱祖国的情感。""抓尾巴"游戏伴随了几代人的快乐童年，生动的游戏内容、便捷的游戏材料、轻松的组织形式，顺应了幼儿的发展，满足了幼儿游戏的需要。寓教于乐，幼儿在玩中启智、在玩中健体、在玩中润心。游戏不仅激发了幼儿对民间体育游戏的兴趣，还提高了幼儿参与体育游戏的积极性。

2. 与同伴对话，享受竞赛之乐

让每一个幼儿根据自己的意愿选择喜欢的项目进行游戏。在活动中，幼儿间"你跑左边，我跑右边，围住他""快快快，来帮我"的交流常有出现，很好地促进了幼儿与同伴合作交往的能力。同时，当与同伴发生碰撞时，幼儿能学会及时道歉和原谅同伴。幼儿良好的个性和积极的情感正在萌芽。

3. 与游戏对话，激发创新之美

擂台赛以"抓尾巴"游戏为载体，通过两个改变，打通了民间游戏和现代游戏的内在脉络，使其在创新中发展。一是改变传统玩法，加入个人赛、团队赛、班级赛等元素，通过班级代表参与，打破班级界限。二是改变游戏规则，以积分记录擂台赛结果的方式，充分调动幼儿的积极性，促进幼儿在游戏中不断反思、调整，锻炼其反应速度、动作速度以及灵活性，提高其在快速跑中的躲闪能力，培养幼儿的班级团队合作精神，增强其团队荣誉感。

二、"斗鸡"——大班擂台赛活动案例及分析

（一）设计思路

斗鸡是一个极具传统色彩的民间体育游戏，有一定的技巧性和难度，在游戏中能很好地锻炼游戏者的下肢力量，对其平衡能力和动作的灵敏性、协调性也有很大的挑战。幼儿阶段是身体发育和机能发展极为迅速的时期，《指南》指出，大

班幼儿已从独自游戏转变成愿意喜欢参与群体活动，愿意为集体做事，为集体的成绩感到高兴。因此，我们举办了"斗鸡"大赛，将民间特色游戏与体育活动渗透、融合，继承和弘扬民间传统文化，以班级团队为游戏创新形式，培养幼儿的团队合作精神及荣誉感。

（二）活动方案

1. 活动目标

①积极参与擂台赛，使其体验传统民间游戏的快乐，萌发其集体荣誉感。

②通过"斗鸡"比赛，锻炼单脚连续跳的能力，增强其身体平衡性。

③能遵守游戏规则，在与同伴友好合作中争取胜利。

2. 活动时间

10月29日。

3. 活动地点

幼儿园橡胶操场。

4. 参与人员

项目认领人——体育组；

全体大班幼儿及教师。

5. 活动准备

（1）经验准备

①熟悉斗鸡游戏，具有擂台赛以及斗鸡游戏规则的经验。

②开展运动安全教育。

（2）物质准备——泡沫垫

6. 活动推进及人员分工表

活动推进及人员分工表见表6-6。

表6-6 活动推进及人员分工表

序号	时间推进	工作内容	责任人	备注
1	活动前一个月	召开擂台赛专题教研会议，由项目认领人制订方案，教学园长审核	教学园长	方案形成后在保教工作例会上传达，明确活动内容
		丰富幼儿认知，熟悉掌握"斗鸡"的动作要领，积累团队合作比赛经验	各班级教师	根据活动内容，开展相关课程

续表

序号	时间推进	工作内容	责任人	备注
2	活动前三天	活动场地准备及材料准备，安排人员分工及站位	保教主任 项目负责人	强调安全注意事项与人员分工合作
3	活动前一天	根据擂台赛所需，划分班级入座场地及比赛区域	项目负责人 各班级教师	带领幼儿熟悉班级座位及比赛现场
4	活动当天	完成擂台赛所有项目及颁奖仪式，随时关注幼儿身心健康情况，注意为幼儿及时增减衣服，根据需要饮水	项目负责人 各班级教师	教师有序组织幼儿比赛，保育员组织观赛幼儿秩序，保健医生现场巡视

7. 活动组织流程表

活动组织流程表见表6-7。

表6-7　活动组织流程表

时间	项目	内容与要求	负责人
8：45—9：00	幼儿入场	根据场地划分有序入座	各班级教师
9：00—9：10	升旗仪式	主持人介绍活动流程，带领幼儿跳热身操	主持人
9：15—9：45	团队序列战	每班派出男孩、女孩各10名，按抽签序号每轮每班各派一人在指定场地比赛	项目裁判 各班级教师
9：50—10：00	齐心协力	每班每次派出3名选手，身穿不同颜色分队比赛，共进行四轮。本项目无场地限制，比赛时间为45秒	项目裁判 各班级教师
10：10—10：15	元帅大战	每班派出2名教师同时参加比赛，比赛时间为120秒	项目裁判 各班级教师
10：15—10：30	颁奖仪式	根据得分结果，依次颁发团体奖项及小组奖项	项目负责人

8. 活动规则

（1）评判规则

①当幼儿双脚落地判落败。

②未按规则游戏则判落败。

③当有场地限制时脚踏出界线判落败。

（2）记分规则

①团队序列战：每场比赛，胜者得5分，第二名得3分，第三名得1分，最先出局队伍不得分数。团队赛中，选手不可重复参赛。

②齐心协力赛：比赛时间结束后根据每队剩余场上的人数计分，最后1人计1分。

③元帅大战赛：胜者得5分，第二名得3分，第三名得1分，最先出局队伍不得分数。

（3）得分规则

①团体总分：以三个项目得分之和为班级总分，分冠军、亚军、季军、优胜奖。

②项目总分：以每个项目班级得分情况，分冠军、亚军、季军、优胜奖。

9.活动小结

活动结束后，及时召开保教工作会议，反思与总结整体活动质量。

（三）活动评析

1.深究创新，挖掘民间体育游戏新价值

《指南》指出，幼儿园组织活动时，可以经常打破班级的界限，让幼儿有更多机会参加不同群体的活动，吸引和鼓励幼儿参加集体活动，萌发集体意识。活动中，教师将原有"斗鸡"单人比赛的玩法，变成团队合作项目，运用团队序列战、齐心协力用多种形式鼓励幼儿积极参与活动，并由教师参与"元帅大战"，运用教师这个最能体现班级代表性的角色游戏，用榜样的力量引导幼儿遵守游戏规则，感受集体的概念，使幼儿在良好的师幼互动中，感受幼儿园、班级温馨的氛围，感受与成人交往的乐趣，建立亲密的师幼关系。

2.顺应兴趣，推动幼儿多元智能新发展

斗鸡游戏也称撞拐、斗拐，因不受场地、器械的限制，两人一脚独立、另一只脚用手扳成三角形游戏，很好地锻炼了幼儿的平衡力和耐力。斗鸡游戏规则，让幼儿在游戏中控制自己的行为，遵守规则，从而形成良好的运动习惯。活动以多种比赛形式引发幼儿对游戏的兴趣，深受幼儿的喜欢。集体荣誉感油然而生。

3.科学组织，确保安全中风险防范新高度

安全，是生命线，是幼儿园各项活动的保障。本次活动组织有序，活动前，项目负责人提前制订详细的活动方案，充分做好各项准备工作，参与对象提前熟知流程，定点、定人，分清职责，加强意识。同时，班级教师高度重视幼儿运动礼仪的教育，将"擂台赛"纳入课程，引导幼儿遵守规则，学会合作及正确面对输赢。活动中，保教人员分工合作，随时关注赛场与幼儿的身心情况，保健医生的介入为活动保驾护航。活动后，及时召开小结会，反思活动中的亮点及不足，为后续活动的有效开展奠定基础。

三、"泡沫板争夺战"——大班擂台赛活动案例及分析

（一）设计思路

时值初冬之季，为保证幼儿的户外活动质量，提高幼儿适应季节变化的能力，以一场热闹的御寒活动——"泡沫板争夺战"，来激发幼儿参与运动的兴趣是可行的。泡沫板轻巧方便，属于一物多玩的材料，日常就深受幼儿喜欢，因此选择泡沫板作为擂台赛的主题，既能吸引幼儿参与，又能在原有的基础上通过擂台赛形式增加了游戏的合作性，让幼儿萌发集体意识，并给予幼儿相互合作、共同探讨和思考的机会。

（二）活动方案

1. 活动目标

①乐于参与集体活动，体验与同伴合作游戏，获得成功的乐趣与喜悦。

②通过"泡沫板争夺战"，促进身体动作技能、手眼协调灵敏性、肌肉力量和耐力的发展。

③能自觉遵守游戏规则，在活动中能与同伴商量、协作获得胜利。

2. 活动时间

12 月 16 日。

3. 活动地点

幼儿园操场。

4. 参与人员

项目负责人——体育组；

全体大班幼儿及教师。

5. 活动准备

（1）经验准备

①会玩"泡沫板争夺战"游戏，熟悉擂台赛活动的规则。

②加强运动安全教育，具有一定自我保护能力。

（2）物质准备

泡沫板、标志碟。

6. 活动推进及人员分工表

活动推进及人员分工表见表6-8。

表6-8　活动推进及人员分工表

序号	时间推进	工作内容	责任人	备注
1	活动前两周	项目负责人制订方案，明确分工，由教学园长审核	教学园长	方案形成后在保教工作例会上传达，明确活动内容
		幼儿认知经验准备	各班级教师	根据活动内容，开展相关课程
2	活动前一周	准备好擂台赛所需的体育器械，准备相关音乐	项目负责人	检查活动所需的器械数量及质量，如有损坏及时更换
3	活动前三天	活动场地准备及材料准备，安排人员分工及站位	保教主任项目负责人	强调安全注意事项与人员分工合作
4	活动前一天	根据擂台赛所需，划分班级入座场地及比赛区域	项目负责人各班级教师	带领幼儿熟悉班级座位及比赛现场
5	活动当天	完成擂台赛所有项目及颁奖仪式	项目负责人各班级教师	教师有序组织幼儿比赛，保育员组织观赛幼儿秩序，保健医生现场巡视

7. 活动组织流程表

活动推进及人员分工表见表6-9。

表6-9　活动组织流程表

时间	项目	内容与要求	负责人
15：00—15：10	幼儿入场	根据场地划分有序入座	各班级教师
15：10—15：20	热身活动	主持人介绍活动流程，带领幼儿跳热身操	主持人
15：20—16：00	泡沫板争夺战	以标志碟为界，划分自己的领地。每次每队派出5人参加比赛（男女不限），每次每人只能搬运1个泡沫板（搬运方法不限），比赛内容为2分钟在场地中放50个泡沫板	项目裁判各班级教师
16：15—16：30	颁奖仪式	根据得分结果，依次颁发团体及小组奖项	项目负责人

8. 活动规则

（1）评判规则

①比赛开始，参赛选手需要把场上的泡沫板搬到自己的领地里，当比赛结束时哨声响起，所有选手停止活动，裁判根据每队领地内的泡沫板数量计算成绩。

②搬运泡沫板的地点为整个比赛场地（包括对手的领地，即可从别人的领地里搬泡沫板）。

③不能从对手的手中抢夺泡沫板，如违反规则，则判被抢人得泡沫板。

（2）记分规则

每轮第一名得5分，第二名得4分，第三名得3分，第四名得1分。

（3）得分规则

总计八轮游戏，八轮过后进行总分的计算。

9. 活动小结

活动结束后，及时召开保教工作会议，反思与总结整体活动质量。

（三）活动评析

1. 安全先行，有备无患

《纲要》指出，幼儿园工作应把促进幼儿健康成长的保护幼儿生命放在首位，幼儿的安全是一切发展的保障，是一切活动的重要前提。在活动前，教师要思考活动中的安全性问题，在材料上，选择了小、轻便、易携带的泡沫板作为活动的主要材料。在地点上，我们选择了宽阔的大操场，为擂台赛选手提供了足够大的游戏场地，也给予了各班幼儿充分的参观空间。在人员安排上，提前对班级教师进行擂台赛活动的介绍，引导班级教师提前帮助幼儿构建活动规则的经验，安排保健室医生参与活动，保证幼儿在突发事件中能第一时间处理。在活动中，班级教师定点、定人负责，一方面关注擂台赛选手的比赛状态，并保证幼儿对活动规则的明晰，另一方面保障观赛选手的安全，注意观战区与比赛区的距离。在活动后，组织幼儿进行游戏式的放松，调整身心，有意识关注幼儿的状态，及时提醒更换衣物等。

2. 过程体验，寓教于乐

擂台赛是一种竞技类的比赛形式，常分为团体赛和个人赛。在本次活动中，基于大班幼儿的年龄特点，在《指南》"喜欢并适应群体生活和具备初步的归属感"目标引领下，我们选用了团体赛的组织形式，打破了班级界限，让幼儿有机会参与不同形式、不同群体的活动。在这个过程中，每个幼儿的收获与感受也不同，参与擂台赛的选手愿意为集体做事，为集体取得擂台赛的成绩而感到高兴，观赛幼儿则在活动中学会关心同伴，能大胆用语言、表情等多种方式为同伴加油。

3.同伴互助，快乐运动

幼儿有很强的模仿能力，在与同伴的交往中能获得更多的经验。在本次活动中，教师用幼儿感兴趣的游戏形式，合理调控运动强度和运动量，用清晰的游戏规则，保证幼儿的安全，同时也给予幼儿计划、探讨和思考的机会。在活动中，幼儿能大胆地与同伴进行人员分工、战略部署。在第一轮游戏后，幼儿短暂休息后也不忘调整，"大三班场地离我们太远了，跑过去太累了，我们要换一个班级场地搬"。幼儿在交谈中，学会了发现问题并尝试自己解决问题，很好地促进了反思性学习。

第三节　全园运动会活动案例及分析

一、"十二生肖迎新年，快乐宝贝向前冲！"——亲子马拉松运动会案例及分析

（一）设计思路

在"大家一起来运动"主题活动的开展中，幼儿喜欢参加多种体育活动，在运动中学习保护自己的简单方法。随着运动能力的逐渐增强，他们也越来越希望走进大自然，走到阳光下，体验运动的快乐。基于此，我们希望创设富有情趣、独具特色的快乐户外体育活动，用马拉松亲子运动会的形式开展，丰富幼儿的生活，提高他们参与体育活动的兴趣，使幼儿身体得到锻炼、体质得到增强，用马拉松运动的精神培养幼儿坚持、不轻易放弃的学习品质，从而推动我园体育运动的开展。本着让每一个幼儿参与、快乐、健康的原则，本次活动以"十二生肖迎新年，快乐宝贝向前冲！"为主题，为幼儿和家长创造了一个良好的合作氛围，让幼儿感受和成人交往的快乐，建立亲密的亲子关系，营造一种积极向上、勇于拼搏的体育精神，让他们在游戏中得到锻炼，在锻炼中得到成长！

（一）活动方案

1.活动主题

"十二生肖迎新年，快乐宝贝向前冲！"

2.活动目标

①感受与父母和同伴一起运动的快乐，坚持到底，勇于拼搏地去完成任务。

②在马拉松运动中锻炼身体耐力、腿部肌肉的力量和心肺功能的发展。

③通过亲子马拉松，体验活动带来的乐趣，增强亲子之间的情感交流，更好地促进家园沟通。

3.活动时间

12月22日上午9：00—12：00。

4.活动地点

地点：烈士公园。

5.参与人员

全体师生、幼儿家长。

6.活动准备

（1）活动前期准备

①宣传准备：各班提前召开家长动员会，向家长介绍活动时间和流程，公布亲子马拉松规则及要求，家长和幼儿可以提前去马拉松比赛场地练习。家长志愿者报名。

②马拉松起点和终点集合规划。

（2）活动材料准备

①幼儿名单统计表的制作：幼儿姓名＋幼儿签到＋幼儿运动编号＋运动名次。

②班级集合班旗、签字笔。

③制作家长、幼儿班服，制作教师红袖套。

④音响、话筒、幼儿奖品归类包装。

⑤将保温桶和急救包按照服务点顺序编号包装。

（3）其他资源准备

①教师配合：了解活动的相关事宜，配合年级组做好活动事宜准备，做好户外运动安全教育，引导幼儿不丢垃圾，保护环境。

②家长配合：提前发放活动预告，让家长了解活动内容，提醒家长为幼儿穿着舒适、安全的服饰，并携带换洗衣物，对幼儿进行户外运动安全教育，引导家长进行赏识教育，在活动中理解自己孩子的表现，积极肯定孩子的表现，为孩子加油助威；鼓励幼儿与同伴交流，体验和同伴游戏的乐趣；家长引导幼儿遵守游戏规则，爱护公共环境，为幼儿树立良好的榜样。树立正确的比赛观：友谊第一、比赛第二。（提示参赛人员遵守会场秩序，不到处走动，照相或录像的家长不得影响正常比赛）

7. 活动推进及人员分工表

活动推进及人员分工表见表6-10。

表6-10 活动推进及人员分工表

序号	时间推进	工作内容	负责人	备注
1	活动前两周	召开活动专题会议，确定项目负责人，参会人员认领任务	教学园长、保教主任	讨论确定活动方案，并调整活动的具体情况
		前往马拉松比赛场地进行路程的踩点（起点和集体终点）和服务点定点（水和急救包）的确定	项目负责人、体育组教师	根据各年龄班幼儿年龄特点进行合理设置马拉松路线与服务点。与公园管理处、属地派出所进行活动安全的衔接
		准备幼儿园活动物资	后勤主任	根据宣传组、保健室、项目负责人的布置需求提供相应的物资
2	活动前一周	明确活动的规则以及教师的分工、站位	项目负责人、体育组教师	项目负责人负责各年龄班烈士公园马拉松路线的讲解工作；体育组教师进行重点规则以及幼儿活动安全的提示
		做好安全教育	各班教师	教师在班级对幼儿进行户外活动的安全教育，在线提醒家长外出活动安全的注意事项
		召开家长动员会，向家长介绍活动时间和流程，公布亲子马拉松规则及要求，家长和幼儿可以提前去马拉松比赛场地练习，家长志愿者报名	宣传组组长	根据活动方案进行
		发放活动预告微信	各班级教师项目负责人	强调活动着装、物品以及马拉松路线

续表

序号	时间推进	工作内容	负责人	备注
3	活动当周	召开全体员工大会，落实活动现场所有事宜，根据各个小组参与活动情况，做好人员的分工	教学园长、保教主任、保健医生	教学园长进行活动的动员；保教主任落实活动的人员分工；各班教师进行相关物品以及场地的明确；保健医生做好幼儿活动中的护理事项
		幼儿户外运动安全常规教育	班级教师	强调幼儿着装（运动鞋、衣物），水杯，汗巾等物品的准备
		发放马拉松比赛场地的路线图	班级教师	提前一天组织家长志愿者实地查看站位及路线。提醒全体家长熟悉马拉松路线
		布置马拉松比赛环境，准备项目材料	项目负责人、体育组教师	重点确定路线的安全性
4	活动前一天	奖品组负责归类包装奖品、保障组负责按照服务点顺序编号包装保温桶和急救包	后勤主任	做好活动物资的检查工作
		主持人、现场摄影、各个服务站点负责人	项目负责人	做好责任到人、到点

8. 活动流程及内容

（1）欢乐开幕式——加油鼓劲热身操（9：30—10：00）

助跑仪式正式开始，大班护旗手进行升旗仪式，教师组织幼儿、家长做热身操。

（2）小达人运动会——一起奔跑，亲子同行（10：00—11：00）

亲子马拉松比赛（分班级由大到小出发）。

（3）激动颁奖典礼——快乐运动，勇往直前（11：00—11：30）

颁奖活动。

9. 活动小结

活动结束后，及时召集活动的项目负责人，总结与反思活动的整体情况。

（三）活动实录

1. 活动掠影

图6-13　亲子马拉松1　　　　　　　　图6-14　亲子马拉松2

2. 活动详情

（1）活动准备，工作人员集合（7：30—8：45）

①7：30全体教师集合（起点处）。

②7：30—8：30各负责点教师前往负责点准备。

③7：30—8：30布置准备音响设备和起点、终点。

④8：30—8：45通信检查各负责点教师及服务站工作人员的到位情况。

（2）活动集结令，幼儿与家长签到（8：30—9：30）

①8：30—9：20家长带幼儿到起点班主任教师处报到集合。

②9：20各班班主任统计班级人员。

（3）欢乐开幕式——加油鼓劲热身操（9：30—10：00）

①主持人出场（9：30）。

②大班护旗手升旗仪式（9：35—9：40）。

③园长致辞，为运动员加油鼓劲（9：40—9：50）。

④小运动员和大运动员宣誓（一个家庭）（9：50—9：55）。

⑤全场热身操（9：55—10：00）。

（4）小达人运动会——一起奔跑，亲子同行（10：00—11：00）

亲子马拉松比赛（分班级出发由大到小的顺序出发）。

（5）激动颁奖典礼——快乐运动，勇往直前（11：00—11：30）

裁判根据幼儿运动编号＋运动名次进行颁奖。

（四）应急预案

　　为切实做好我园冬季亲子马拉松的安全管理工作，确保冬季长跑活动的正常开展和学生的生命健康安全，结合我园实际，特制定我园2017年亲子马拉松活动应急预案。

一、组织机构

组长：园长。

副组长：教学园长。

成员：体育组及后勤安全组。

职责内容

1. 遇突发事件，立即赶赴现场，确定应对措施。

2. 组织召集人员开展抢险排危救援工作。

3. 根据事件性质，及时报告上级有关部门。

二、重点部位的安全事故类型

1. 跑程区域拥堵踩踏事故。

2. 其他意外伤害事故。

三、安全责任人职责

1. 安全应急组织机构成员确保通信畅通。

2. 值班人员到岗到位；安保检查巡视人员，发现隐患及时报告。

3. 后勤部门要做好车辆和驾驶员及医务人员的应急调度，保证长跑活动路线区域道路平整，光线明亮。

四、应急处理

（一）应急指挥

应急领导小组组长任总指挥，负责组织协调、指挥、抢险、疏散，及时报"110""120"，并向上级报告有关情况。总指挥因故不在，由副组长替补。

（二）现场抢险救援

①发现幼儿或家长跑步受伤或身体不适，立即向值勤老师报告，并通知活动区域医生救治。如园医诊断需送医院救治的，应迅速同有关老师陪其到医院就医。

②活动区域内发现不良分子袭击、行凶、行窃、斗殴情况时，现场教师或第一个发现突发事件的当事人为应急处理第一责任人，应迅速报告保卫科，采取有效措施予以制止，并报告幼儿园领导。事态严重的，拨打"110"报警求助。

（三）信息报告

①安全紧急事件信息，采取逐级汇报制度，事件第一发现人应及时向幼儿园相关部门领导汇报；事态严重的，幼儿园应在第一时间向学校行政主管部门汇报。

②应急事态期间，幼儿园应急处理小组成员必须保证通信的畅通。

五、安全保障

（一）医务室、体育组要广泛宣传冬季长跑活动的安全知识，严密组织，认真负责，杜绝不安全隐患，确保冬季亲子马拉松活动的安全。

（二）教师各司其职站在指定定点保护、指引幼儿及家长顺利完成比赛。

× 幼儿园

×× 年 × 月 × 日

（五）告家长书

十二生肖迎新年 快乐宝贝向前冲

为了促进幼儿身体和基本动作的发展，我园将开展"十二生肖迎新年，快乐宝贝向前冲"冬季亲子马拉松活动。希望通过本次运动会的开展，丰富幼儿的生活，提高他们参与体育活动的兴趣，锻炼身体，增强体质，为幼儿和家长创造一个良好的合作氛围，营造一种积极向上、勇于拼搏的体育精神，让幼儿在游戏中锻炼，在锻炼中成长！我们的活动具体安排如下。

一、活动时间：12 月 22 日上午 9：00。

二、活动地点：长沙市烈士公园。

三、集合地点：长沙市烈士公园。

四、签到时间：8：30 至 9：20 在集合地点找各班指定位置签到。

五、温馨提示

1. 请您配合班级为幼儿做好相关的安全教育及环保教育。

2. 活动当天，请您与幼儿准时出席，穿好运动鞋及统一参赛服，订好号码牌，准备好隔汗巾。号码牌和参赛服周四下午会发给大家，请家长在周五按照着装要求穿好，谢谢！

3. 由于本次活动在户外，路程较远，公园内部又无法提供热水，所以我们在比赛沿途定点设有医护站和能量加油站，给大家准备了矿泉水和点心，请家长给幼儿带好水壶。

4. 安全第一、友谊第一，我们沿途还会有闯关惊喜。比赛途中安全员全程巡视，请大家遵守比赛规则，维护沿途环境和卫生。

祝各位参赛家庭拥有一段快乐的马拉松之旅！

×× 年 × 月 × 日

（六）各年龄段亲子马拉松路线图

小班——全程 2.06 千米
中班——全程 3.59 千米
大班——全程 4.36 千米

图 6-15　各年龄班亲子马拉松路线图

（七）家园共育

多种形式交流，促进家园信任。亲子运动会是拉近家园情感距离的桥梁，为家长、幼儿、教师创造了交流互动的机会。活动前期，可以通过面对面、网络等多种形式了解家长的参与兴趣，主动分享亲子活动的目标、内容与意义，鼓励家长主动参与。活动中，关注幼儿与家长的状况，充分尊重家长与幼儿的个体差异，关注幼儿、家长的身体状况，如帮助家长调整路线距离。活动后，及时思考家长的反馈意见。

活动中，教师可以通过亲子互动的观察，更清楚地了解幼儿的个体发展特点和个体需要，及时了解家长的儿童观、教育观以及对幼儿的指导方式，教师能更了解幼儿与家长。

（八）活动评析

1. "新思路"，开拓资源选择新路子

《纲要》指出，要根据幼儿的特点组织生动有趣、形式多样的体育活动，吸引幼儿主动参加。基于主题活动"大家一起来运动"的主题价值，开展亲子马拉松运动会，不仅能促进幼儿积极参与体育活动，还打开了幼儿园运动会的新思路。一是主题新。让幼儿不仅领略马拉松本身的魅力，更在与父母合作、同伴相互鼓励中体验马拉松的乐趣，培养了幼儿勇于克服困难、夺取胜利的体育精神。二是环境新。活动中能充分利用周边社区资源，将运动会安排在公园举行，让幼儿与

家长在活动中与大自然亲密接触，激发幼儿参与活动的兴趣。三是游戏新。在运动会每个赛点关卡处设置了幼儿喜欢的动物布偶，动物布偶与幼儿互动，给幼儿加油鼓劲，不仅让赛道增加了情节性、角色性，还提高了活动的趣味性。

2."精准备"，优化亲子活动新方式

一次大型运动会是一项团队的、合作的整体性工作，本次活动的项目负责人有计划、有步骤地组织众人参与，且分为三个阶段。第一阶段，知识经验的准备。通过开展前期调研和活动，让教师明晰3～6岁幼儿如何开展马拉松活动，让幼儿知道马拉松是怎样一项运动。第二阶段，场地及资源的运用。发挥得天独厚的外部环境资源，在公园举行大型运动会。教师实地踩点，了解环境，安全评估，考究距离长短，落实中途补给站与志愿者站位。第三阶段，安全的多方联动。与公园管理部门、当地派出所等沟通协调，争取活动当天得到充分的安全支持。家长志愿者提前一天实地查看，明晰自己的职责范围和注意事项，做好沿途赛道的安全把控和物资补给。行政人员、体育教师、后勤人员参与班级陪跑，确保安全。

3."强效应"，促进成长之路新局面

本次活动注重细节，做到观念领先、技能领先、准备领先；做到全民参与、全面顾及、全面兼顾。让幼儿在与同伴、家长、教师三者间的良性互动和交流中，增进了解和感受、体验胜利的喜悦，更让幼儿在体验挑战中，懂得坚持就是胜利的道理，从而获得宝贵的成长经验。为每一位参与活动的教师提供了一个在师幼、家园活动环境中，通过积极反思促进自主思考并提升专业能力的途径。对幼儿园来说，一次完美的活动，综合展示了园所教育特色和课程结果，是加强园所与家庭、社会沟通交流的桥梁，对提升幼儿园的整体形象和社会效应具有显著的作用。

二、"民间游戏乐翻天，健康快乐享童年"——亲子运动会活动案例及分析

（一）设计思路

随着生活经验的日渐丰富和生活范围的逐渐扩大，幼儿慢慢产生了有关家庭、家乡和祖国的概念与兴趣。在主题活动"龙的传人"中，幼儿在多种活动中感受我国悠久的历史文化，欣赏、体验传统艺术的丰富多彩。秉持继承和弘扬民间优秀传统文化的精神，特开展"民间游戏乐翻天，健康快乐享童年"亲子运动会活动，将民间特色游戏与体育活动渗透与融合，根据幼儿的年龄特点和动作发展规律，设置20个有趣的民间传统游戏，让幼儿从各民族运动中体验不同民族的特点，在

幼儿心中播撒一颗传统文化的种子，给幼儿的快乐童年增添一抹独特的色彩，也更好地推动了我园幼儿特色体育活动的开展，充分展示了我园幼儿"快乐、健康、和谐、团结、向上"的优秀品质，打造了我园健康文化特色。

（二）活动方案

1. 活动主题

"民间游戏乐翻天，健康快乐享童年"

2. 活动目标

①在参加民间体育游戏中感受运动的快乐，为中华民族丰富多彩的运动感到骄傲。

②在活动中发展基本动作能力，提高身体的灵活性、协调性以及其他方面的身体素质。

③学会在游戏中与同伴合作、遵守规则。

3. 活动时间

11月1日。

4. 活动地点

地点：幼儿园操场、幼儿园足球场、班级教室、大礼堂、户外建构场地。

5. 参与人员

全体师生、幼儿家长。

6. 活动准备

（1）环境创设准备

①幼儿园大厅及班级教室进行民间游戏的环境创设。

②进行户外游戏项目宣传板、运动会游戏卡及印条、各游戏规则的制作，游戏项目调查结果展板的展示，民间游戏活动材料的准备。

③准备符合活动氛围的背景音乐。

推荐歌曲：《快乐宝贝》《加油歌》。

（2）活动材料准备

①中、大班幼儿运动会游戏项目调查表（年级组）。

②运动员文化衫及班牌的定制（宣传组）。

③各项表演道具、服装、音乐的准备；家长（妈妈）民族舞蹈表演；大班幼儿舞狮、舞龙表演；幼儿升旗队；教师课间操表演。

④制定游戏、划分运动场地、准备运动器材（体育组）。

⑤购买幼儿礼物、奖状、游戏奖品、场地装饰彩旗、开场礼炮（后勤组）。

（3）知识经验准备

①认识和了解运动会，构建运动会的经验。

②熟悉和了解民间游戏项目的玩法与规则。

③加强运动安全方面的教育。

（4）其他资源准备

①教师配合：各班出场队列训练、口号及简单的出场介绍的练习；拍摄各班民间游戏的玩法及活动现场照片；开展安全教育和礼仪教育，精心组织好本班幼儿观看比赛和参加比赛；认真遵守赛场纪律和各项规章制度，听从相关教师的指挥，自觉维护赛场秩序。

②家长配合：提前发放活动预告，让家长了解活动内容，提醒家长为幼儿穿着舒适的服装以及准备更换的衣物，在家对幼儿进行安全教育等。

7. 活动推进及人员分工表

活动推进及人员分工表见表6-11。

表6-11 活动推进及人员分工表

序号	时间推进	工作内容	负责人	备注
1	活动前两周	召开活动专题会议，确定项目负责人，参会人员认领任务	教学园长、保教主任	讨论、确定活动方案，并调整活动的具体情况
		布置幼儿园大厅、户外环境	宣传组组长	利用图片、音乐等材料布置
		准备幼儿园活动物资	后勤主任	根据宣传组布置需求，提供相应材料
2	活动前一周	明确活动的规则以及教师分工、站位、各班活动时间	项目负责人、体育组教师	项目负责人介绍活动场地、游戏玩法；体育组教师进行重点规则以及幼儿活动安全的提示
		完成班级环境的创设工作	各班班长	结合民间游戏主题，鼓励幼儿用绘画形式来展示，教师可进行幼儿童言童语的记录
		各班教师根据幼儿园的活动方案和具体运动项目，向幼儿介绍活动，做好安全礼仪教育	各班教师	增加幼儿对民间体育游戏的了解，进一步提高幼儿对民族运动会的期待和参与热情，在安全活动以及一日生活餐前、离园活动中开展

序号	时间推进	工作内容	负责人	备注
2	活动前一周	制作完成活动预告展板、家长邀请函、民族运动会游戏卡及印章、各游戏规则展板	宣传组组长	根据活动方案进行
		发放活动预告，介绍各项民间游戏的玩法	各班级教师项目负责人	强调活动着装、物品、流程、游戏玩法的介绍
		家长、教师、幼儿团队排练表演	各团队负责人	进行服装、道具的统一
		制定各班级亲子运动文化衫	宣传组组长	服装要求：展示班级特色、好看大方、便于运动
3	活动当周	召开全体员工大会，落实活动现场所有事宜，根据各个小组参与活动情况，做好人员的分工	教学园长、保教主任、保健医生	教学园长进行活动的动员；保教主任落实人员分工；各班教师进行相关物品以及场地的明确；保健医生做好幼儿活动中的护理事项
		幼儿户外运动安全常规的教育	班级教师	强调幼儿着装
		配合年级组做好游戏规则的介绍	班级教师	可以结合视频、图片等资料引导幼儿了解各民间游戏的特点，引导幼儿用图文并茂的方式表现
4	活动前一天	布置大厅、操场、教室、礼堂环境，检查LED屏及音响设备的准备工作	后勤主任	做好场地安全检查
		主持人、现场摄影、运动训练营各个定点负责人	项目负责人	做好责任到人、到点

8. 活动流程及内容

（1）开幕式——庄严的升旗仪式、园长致辞

时间：9：00—9：20。

地点：幼儿园操场。

（2）运动表演——活力满满开场舞

时间：9：20—9：40。

地点：幼儿园操场。

（3）民间游戏——精彩纷呈亲子运动游戏

时间：9：40—11：00。

地点：幼儿园操场。

9.活动小结

活动结束后，及时召集活动项目负责人，总结与反思活动的整体情况。

（三）活动实录

1.活动环境的布置

图6-16　亲子运动会1

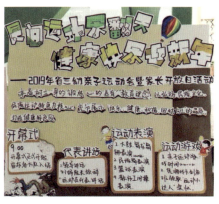

图6-17　亲子运动会2

图6-18　亲子运动会3

图6-19　亲子运动会4

2.来园准备

活动时间：8：00—9：00。

活动准备：全体工作人员到岗，各工作组检查准备工作，各班候场区摆放椅子。

国旗队和各班代表队在操场指定位置集合列队。

氛围准备：播放热场音乐，提醒各班按指定位置在操场集合，等待活动的开始。

3. 开幕式——庄严的升旗仪式，园长温情致辞

活动时间：9：00—9：20。

活动地点：幼儿园操场。

活动内容：

（1）入场仪式

①进场顺序：国旗方队、各班方队（音乐《运动员进行曲》）。

②入场要求：每班领队手举班牌，运动员穿着统一运动衫。代表队口号统一响亮，具有班级特色。

③升旗仪式：奏国歌、升国旗，全体师生及家长行注目礼。

（2）各代表讲话

①领导讲话：园长进行运动会开幕式致辞。

②运动员代表讲话：大班运动员代表讲话。

（3）运动表演——活力满满开场舞

①大鼓、舞龙、舞狮出场表演（幼儿代表）。

②民族舞表演（妈妈代表）。

③篮球表演（幼儿、爸爸代表）。

④教师工间操表演（教师代表）。

4. 民间游戏——精彩纷呈亲子运动游戏

活动时间：9：40—11：00。

活动地点：幼儿园操场、幼儿园足球场、班级教室、大礼堂、户外建构场地。

活动内容：

①家长与幼儿自由选择民间游戏，进行亲子运动。

②凭游戏卡到各班领取"运动小达人"奖状。

附件1：游戏场地布置及人员分工表

民间体育游戏项目场地及负责人安排表见表6-12。

表6-12　民间体育游戏项目场地及负责人安排表

序号	游戏名称	场地	人员安排		备注
			组长	成员	
01	跳竹竿	①	大（一）班班长	班员	
02	亲子袋鼠跳	②	大（二）班班长	班员	
03	抓尾巴	③	大（三）班班长	班员	
04	抢椅子	④	大（四）班班长	班员	
05	亲子走梅花桩	⑤	中（一）班班长	班员	
06	两人三足	⑥	中（二）班班长	班员	
07	射箭	⑦	中（三）班班长	班员	
08	摔跤	⑧	中（四）班班长	班员	
09	狮头接力	⑨	小（一）班班长	班员	
10	旱地龙舟	⑩	小（二）班班长	班员	
11	亲子跳绳	⑪	小（三）班班长	班员	
12	亲子夹篮球	⑫	小（四）班班长	班员	
13	仰卧起坐	⑬	食堂班班长	班员	
14	母鸡下蛋	⑭	食堂班班员	食堂班班员	
15	双人竹马	⑮	体育组班长	班员	
16	亲子推车	⑯	体育组班员	班员	
17	打陀螺	⑰	财务班长	班员	
18	滚铁环	⑱	综治组班长	班员	
19	踩高跷接力	⑲	安全组班长	班员	
20	踢毽子	⑳	教科中心班长	班员	

注：游戏项目结束后每组老师第一时间将器械收整，并放到指定区域。

附件 2：民间体育游戏规则

1. 游戏名称：跳竹竿

器材准备： 长 5 米、直径为 10 厘米的大竹竿（2 根），长 2 米、直径 4 厘米的普通竹竿（8 根）。

游戏玩法： 设置一条竹竿道路，2 根大竹竿间隔 1.7 米左右平行放置，普通竹竿 2 根一组，分四组平均分布在大竹竿上，分别由 8 名家长根据音乐开关竹竿（两根竹竿平行打开为开，贴在一起为关）。过关后从一边出发根据开关节奏跳至另一边。

2. 游戏名称：亲子袋鼠跳

器材准备： 跳袋（10 个）。

游戏玩法： 设置 4 条长 10 米、宽 1 米的跑道，在跑道尽头放置一个标志桶，幼儿与家长在起点后穿上跳袋，听到裁判口令后出发，跳至终点并返回，将跳袋交给下一组家庭。

3. 游戏名称：抓尾巴

器材准备： 尾巴（10 根）。

游戏玩法： 设置一个直径 8 米的圆圈活动场地，每次规定 8～10 名幼儿在圆圈内比赛。幼儿将尾巴塞进裤子里并露出一定长度的尾巴。活动开始，幼儿迅速抓同伴的尾巴，当选手的尾巴丢失时（包括被抓、自然掉落），游戏结束。如果尾巴一直在身上，可一直游戏（活动中不得能用长衣、用手遮挡等方式遮挡尾巴）。

4. 游戏名称：抢椅子

器材准备： 椅子（8 个）、鼓（1 个）。

游戏玩法： 把椅子摆成圆形（按参加人数减 1 计算，即 8 人摆 7 把椅子），幼儿在凳子外面围成一圈，当听到敲鼓声时，幼儿沿着凳子的顺时针方向跑动并且随鼓声扭动身体（注意不能插队）。鼓声暂停，幼儿迅速抢 1 把椅子坐下，没有抢到椅子的人被淘汰。依次减少 1 把椅子，每组留到最后的一名参赛人员获胜。

5. 游戏名称：亲子走梅花桩

器材准备： 梅花桩、绑带。

游戏玩法： 摆放 4 条相同的梅花桩道路，总长度为 12 米，每次 4 组家庭参赛。每组家庭在起点绑住大小运动员的一只脚，从起点出发，在梅花桩上面行走至标志桶处绕过，到达终点，并将绑带交给下一组家庭。若中途摔倒，必须在原地站起来后，继续比赛。

6. 游戏名称：两人三足

器材准备： 木板（12 根）、绑带。

游戏玩法： 设置 4 条赛道，赛道总长度 15 米，每次 4 组家庭参加比赛。每组家庭在起跑线后将脚绑好，不可抢跑；听到裁判口令后从起点出发至标志桶处，并绕过标志桶到达终点，将木板交给下一组家庭，并将绑带交给终点裁判。如中途松开或摔倒，应立即停下来，重新准备好之后，再接着跑。

7. 游戏名称：射箭

器材准备：竹箭（90 根）、纸箱（9 个）。

游戏玩法：设置 6 个投掷点，投掷起点与纸箱的距离分别为 2 米、3 米、4 米，每个距离设置两个投掷点，每次 6 组家庭参加游戏。亲子在投掷起点站好，每人手中拿 5 根竹箭，听到裁判口令后，开始投掷，看谁投进箱子的竹箭多，投完后下一组家庭开始游戏。

8. 游戏名称：摔跤

器材准备：软垫（6 床）、拳击护具（6 套）。

游戏玩法：设置 2 个摔跤场地，每次 4 名幼儿参赛，2 名幼儿为一组。听到裁判口令后，幼儿开始摔跤比赛，当选手出界或者被摔倒，被对手压制 10 秒没有起身为失败，三局两胜，获胜者成为擂主，可一直比赛，擂主也可主动放弃比赛。出界：当选手一只脚或者二分之一的身体触及软垫之外。压制：当选手 B 倒地时，选手 A 使用安全方法使其失去行动能力则判定为压制。

9. 游戏名称：狮头接力

器材准备：狮头（4 个）。

游戏玩法：设置 4 条赛道，赛道总长 15 米，每次 4 组家庭参赛。幼儿举狮头，家长举狮尾，听到裁判口令后，从起点出发至标志桶处绕过标志桶到达终点，并将狮头交给下一组家庭。

10. 游戏名称：旱地龙舟

器材准备：龙舟（4 条）。

游戏玩法：设置 4 条赛道，赛道总长度为 15 米。亲子在赛道起点后排队，每次每条赛道由两个家庭坐上龙舟，听到裁判口令后，用脚划着龙舟往前走，从起点出发至标志桶处绕过标志桶到达终点，并将龙舟交给下一组运动员。

11. 游戏名称：亲子跳绳

器材准备：跳绳（10 根）。

游戏玩法：每次 4 个家庭进行亲子跳绳，每组家庭共用一条跳绳，当幼儿及家长同时跳过则计数增加 1（跳绳打到幼儿或家长停下来不计数），累计跳绳数达到 20 为完成比赛。

12. 游戏名称：亲子夹篮球

器材准备：1.2 米长塑料管（10 根）、篮球（4 个）。

　　游戏玩法：设置4条长12米、宽1米的跑道，在跑道尽头放置一个标志桶。家长一排、幼儿一排平行在起点后站成2路纵队，每次每队第一组家庭手持两根竹竿中间夹一个球站在起跑线后做好准备，听到"开始"的口令，夹着篮球出发到达终点并绕标志桶一圈后返回，将器材交给下一组家庭。

　　13. 游戏名称：仰卧起坐

　　器材准备：呼啦圈（20个）、海洋球（100个）。

　　游戏玩法：设置8个仰卧起坐点，两个呼啦圈一组，相距2米左右，每组呼啦圈中的一个圈放置10个海洋球。家长与幼儿在两个呼啦圈中间，双脚交叉躺在中间，听到裁判口令后，家长做仰卧起坐将头后呼啦圈内的海洋球拿起交给幼儿，幼儿同样做仰卧起坐将海洋球放在头后的呼啦圈中，每次只能拿一个，看谁先完成。

　　14. 游戏名称：母鸡下蛋

　　器材准备：乒乓球（100个）、腰带纸盒（10个）、大呼啦圈（10个）。

　　游戏玩法：用大呼啦圈设置8个母鸡下蛋点，每次请4组家庭参加，将腰带纸盒绑在腰间，每个纸盒内放置10个乒乓球。家长利用扭动腰部、臀部和跳的方法将纸盒内的乒乓球抖出来，幼儿在旁可以用语言提示爸爸妈妈，在2分钟内看哪组家庭最先将乒乓球抖出来。

　　15. 游戏名称：双人竹马

　　器材准备：双人竹马5副。

　　游戏玩法：设置4条赛道，每条赛道长15米，每次出发4组家庭。听到裁判口令后，亲子驾驶双人竹马，从起点出发至标志桶处绕过标志桶到达终点，将竹马交给下一组家庭。

　　16. 游戏名称：亲子推车

　　器材准备：小推车（4辆）、15斤沙袋（4个）。

　　游戏玩法：设置4条赛道，赛道总长15米，每次每道出发1组家庭。听到裁判口令后，亲子各自手握推杆，推着小推车，从起点出发至标志桶处绕过标志桶到达终点，将推车交给下一组家庭。

　　17. 游戏名称：打陀螺

　　器材准备：陀螺（5副）。

　　游戏玩法：设置4个直径2米的区域，每个区域1个家庭。听到裁判口令后，先由家长将陀螺转起来10秒，时间到后将鞭子交给幼儿，看哪组家庭坚持时间最长。家长超过15秒未交接，裁判直接判为输。

　　18. 游戏名称：滚铁环

　　器材准备：铁环（8副）。

　　游戏玩法：设置4条赛道，赛道总长12米，每次每道出发1组家庭。听到裁判口令后，亲子各自1副铁环，推着铁环，从起点出发至标志桶处绕过标志桶到达终点，将铁环交给下一组家庭。

　　19.游戏名称：踩高跷接力

　　器材准备：木质高跷（10副）。

　　游戏玩法：设4条赛道，总长度为15米。运动员在起点排队，每次4组家庭比赛，听到"开始"的口令，先由家长辅助幼儿完成单向7.5米，然后由家长独自完成剩下的7.5米，比赛完成。回来将木质高跷交给下一组家庭。

　　20.游戏名称：踢毽子

　　器材准备：毽子（8个）。

　　游戏玩法：设置4个直径2米的区域，中间贴一根分割线，每个区域1个家庭，共4组家庭，家长和幼儿站对立面。听到裁判口令后，将毽子踢向对方，毽子出界后捡回继续。总时长2分钟，看哪组家庭在2分钟内踢的个数最多。用手抛则裁判直接判为输。

（四）活动安全预案

　　"民间游戏乐翻天，健康快乐享童年"——亲子运动会活动安全预案

　　为及时、高效、妥善地处理好幼儿园大型集体活动突发事件，坚持统一领导、以人为本、预防为主、依法规范和协同应对的原则，保护全体师生的生命安全，维护校园及社会稳定，特制定本次幼儿园大型活动突发事件应急预案。

　　领导小组

　　组长：园长。

　　副组长：教学副园长、保教主任、后勤主任、项目负责人。

　　成员：各班教师、体育教师、保健医生。

　　领导小组主要负责活动期间的日常事务，上传下达各项指示和工作要求，巡查活动现场，及时排查安全隐患，解决突发安全问题。

　　职责内容

　　1.园长作为活动安全责任第一人全面把关活动方案的安全性、科学性。

　　2.项目组及年级组提前做好人员分工和活动流程计划，召开专题会议，确保所有保教人员明确任务，树立安全防范意识。

　　3.保健医生配备药品箱及相关急救应用材料，设立固定的医疗点，如有家长或幼儿过度劳累或身体不适，保健医生需要及时处理，必要时送往医院。

　　4.各班提前做好幼儿的安全教育工作，提高幼儿在户外活动的安全意识。

　　5.提前做好家长的安全宣传工作，发放邀请函及活动报道。

6. 在活动现场，每一个活动区域的醒目位置摆放指引标识和游戏板，确保活动的顺畅进行。

7. 游戏活动中的安全。

（1）每个游戏区域确定两名家长志愿者协助管理场地上的游戏材料。

（2）通知每个家庭在活动当天着宽松的运动装和轻便的运动鞋，自备水壶等物品。

（3）考虑祖辈容易在游戏中受伤或体力不支，活动当天建议幼儿的父母来参加亲子民间游戏。家长作为幼儿的第一监护人，要做好幼儿的榜样作用，遵守班级规定。

8. 场地安全。

（1）活动当天，各游戏项目负责人提前半小时到达现场，排查隐患，确保活动场地的安全。

（2）提前划好安全地带，一旦出现异常情况，及时将幼儿疏散到安全地带，并第一时间上报安全员与总负责人。

（3）各班教师要确保全部幼儿及家长离园后，才能进行现场材料的整理工作。

××幼儿园

××年×月×日

（五）家长须知

"民间游戏乐翻天，健康快乐享童年"——亲子运动会活动家长须知

亲爱的家长朋友们：

您好！为了给孩子营造吉祥喜庆的活动氛围，为了让孩子的运动会体验更真实，为了锻炼孩子的综合能力，我们提出了以下要求，请您支持配合。

1. 请您和孩子在活动当天着适宜运动的衣服参加活动。

2. 请家长志愿者于活动当天上午8点入园。

3. 亲子运动会将在9点开始，请家长在活动当天8：30入园，不用提前来园，以免影响孩子的正常活动。

4. 由于活动场地的限制，建议每个家庭派1名家长参与活动。

5. 请家长根据幼儿的选择，在指定场所内参加游戏，鼓励孩子积极参与。

6. 请您在亲子活动中照顾好自己的孩子，确保孩子的安全，不要让孩子在园区内追逐打闹，以免发生意外。

7. 为了保护园区环境的干净整洁，请每个家庭参加活动时不私自携带零食，

自带水杯。

8.回家后请与孩子一起回顾和总结本次亲子民间游戏运动会中的各种体验。

希望我们的家长朋友能理解并支持以上的要求。祝愿本次亲子运动会能给您和孩子带来终身受益的影响，让孩子感受传统文化的魅力！

×× 幼儿园

×× 年 × 月 × 日

（六）活动掠影

图 6-20　亲子运动会 5

图 6-21　亲子运动会 6

图 6-22　亲子运动会 7

图 6-23　亲子运动会 8

图 6-24　亲子运动会 9

图 6-25　亲子运动会 10

（七）活动评析

1. 策划在前——将方案"做细"

良好的策划是活动实施的蓝图，只有做好规划才能有章可循。具体可通过以下三个方面进行。一是通过运动会调查表了解幼儿的需求，尊重幼儿的想法，选择幼儿最喜欢的游戏，让幼儿亲身体验中国民间传统游戏的乐趣和魅力，品味中国浓浓的年味，感受新年的欢乐和喜悦。二是召开年级组、项目组会议，从安全保障、物质准备、场地规划、人员安排、活动组织等方面制订切实可行的活动方案，给予运动会最强保障。三是通过"有准备的环境"，利用游戏规则图、游戏视频、游戏地图等媒介，引导幼儿认识、了解、熟悉游戏玩法及规则，学习如何与他人合作游戏，支持幼儿自主选择、自主游戏。

2. 行动支持——将活动"做精"

《纲要》指出，教师要适当向幼儿介绍我国主要民族和世界其他国家和民族的文化，帮助幼儿感知人类文化的多样性和差异性，理解人们之间是平等的，应该互相尊重，友好相处。具体可通过以下两点进行。一是我们结合"龙的传人"的主题活动目标，选择了 20 种民间体育游戏，激发幼儿对民间传统游戏的兴趣和探究欲望，同时充分挖掘家长资源，通过舞龙舞狮、民族舞、亲子篮球的表演，进一步激发幼儿对民族文化的审美体验，加深幼儿对中华民族的情感，使其民族自豪感油然而生。二是通过亲子游戏卡盖章兑换奖品的方式，激发幼儿与家长积极主动参与游戏的兴趣，为幼儿提供充分的与家庭交往的机会，增进亲子间的感情，加强家园间的联系，增强幼儿自信心。

3. 审思紧随——将过程"做实"

在方案制订到活动开展的过程中，需结合实际情况进行适当的调整完善。本次活动我们结合园所情况适时审思，不断优化。具体包括以下两点。一是因地制宜创设游戏场地。我们充分利用幼儿园的空间资源，根据 12 个班级的场地条件，设计不同的民间游戏，结合民间游戏的特点，合理安排幼儿园建构区、足球场、大礼堂、大操场、风雨操场等户外场地。二是亲身体验，优化游戏规则。本次运动会的组织形式是亲子游戏，设计既符合幼儿特点，又能满足家长与幼儿共同游戏的需要。在前期准备中，教师扮演家长与幼儿逐一体验自己选择的民间游戏，从内容、材料、玩法等方面不断进行调整优化，去其糟粕取其精华，最大化地挖掘游戏价值，为亲子运动会的开展提供更有趣的互动和更温暖的支撑。

三、"清凉一夏乐翻天"——夏季运动会活动案例及分析

（一）设计思路

春天在不知不觉间悄悄溜走，盛开的美丽花朵、凉凉的甜品、荷塘美妙的奏鸣曲都标志着夏天不约而至，在主题活动"快乐的夏天"的背景下，旨在帮助幼儿初步感知夏天的特征，探索夏天的秘密，享受特别的、美好的时光，我们设计了"清凉一夏乐翻天"的活动。活动利用幼儿百玩不厌的水，在玩水中感受、体验夏天的一切，认识夏天的季节特征，在水的世界里尽情交流、亲近、沟通，创造同伴之间合作交往的机会，并在活动中培养幼儿手眼协调能力，让幼儿乐在游戏情境中，乐在"清凉一夏"中。

（二）活动方案

1. 活动主题

"清凉一夏乐翻天"

2. 活动目标

①体验和同伴、父母玩水的乐趣，感受与水同乐的清凉和快乐。

②在躲避、奔跑和投掷的过程中，锻炼肢体的协调性和灵敏性。

③在不同的游戏情境中，增强自我保护能力。

3. 活动时间

6月12日—6月14日。

（小班组6月12日、中班组6月13日、大班组6月14日）

4. 活动地点

地点：幼儿园操场。

5. 参与人员

全体师生、家长志愿者。

6. 活动准备

（1）器械摆放准备

①水枪和泳镜放在场地一角，水桶里盛满水围绕场地四周分别放好。

②用油桶、轮胎、迷彩网、折叠梯布置一个瞭望台。

（2）活动材料准备

水枪（根据各班人数自行调配）、大水桶4个、塑料水管1根、油桶8个、轮胎50个、迷彩网1块、折叠梯2个、游泳镜40副、泳帽若干；符合夏季氛围的背景音乐。

（3）知识经验准备

①了解打水仗游戏的玩法：幼儿戴上泳帽和泳镜，拿上水枪，前往水桶处将水枪注满水，听到老师说"开始进攻"，幼儿即分队进行打水仗游戏。

②了解每个游戏的规则。

（4）其他资源准备

①教师配合：了解相关活动事宜，配合年级组做好活动事宜，帮助幼儿对打水仗有一定的认识，了解打水仗活动内容（指导要点：提醒幼儿在奔跑过程中要注意安全，引导幼儿排队为水枪注水。教师观察各个水桶储水量，及时为水桶加水）。宣传部做好相关活动的报道，展示活动展板。

②家长配合：提前发放活动预告，让家长了解活动内容，提醒家长为幼儿准备打水仗的工具以及携带换洗衣物，对幼儿进行安全教育。

7.活动推进及人员分工

活动推进及人员分工表见表6-13。

表6-13　活动推进及人员分工表

序号	时间推进	工作内容	负责人	备注
1	活动前两周	召开活动专题会议，确定项目负责人，参会人员认领任务	教学园长、保教主任	讨论、确定活动方案，并调整活动的具体情况
		做好幼儿园户外LED屏幕、户外操场的布置工作，营造夏季轻松的环境氛围	宣传组组长	利用图片、音乐等材料布置
		准备幼儿园活动物资	后勤主任	根据宣传组布置需求，提供相应材料
2	活动前一周	明确活动的规则以及教师分工、站位、各班活动时间	项目负责人、体育组教师	项目负责人介绍活动场地、游戏玩法；体育组教师进行重点规则以及幼儿活动安全的提示
		做好安全礼仪教育	各班教师	在安全活动以及一日生活中的餐前、离园活动中开展
		完成活动预告展板以及家长邀请函的制作	宣传组组长	根据活动方案进行
		发放活动预告	各班级教师项目负责人	强调活动着装、物品以及流程

续表

序号	时间推进	工作内容	负责人	备注
3	活动当周	召开全体员工大会，落实活动现场所有事宜，根据各个小组的参与情况，做好人员分工	教学园长、保教主任、保健医生	教学园长进行活动的动员；保教主任落实活动的人员分工；各班教师进行相关物品以及场地的明确；保健医生做好幼儿活动中的护理注意事项
		幼儿户外运动安全常规教育	班级教师	强调幼儿着装，准备打水仗道具、汗巾等物品
4	活动前一天	布置大操场环境，设置轮胎、油桶区域，准备LED屏及音响设备	后勤主任	做好场地的安全检查工作
		主持人、现场摄影、运动训练营各个定点负责人	项目负责人	做好责任到人、到点

8.活动流程及内容

（1）开始部分：热身运动

时间：14：45—15：00。

地点：幼儿园操场。

（2）基本部分：幼儿自由游戏

时间：15：00—15：45。

地点：幼儿园操场。

（3）结束部分：放松运动，调整放松

时间：15：45—16：00。

地点：幼儿园操场。

9.活动小结

活动结束后，及时召集活动项目的负责人，总结与反思活动的整体情况。

（三）活动实录

1. 活动掠影

图 6-26　夏季运动会 1

图 6-27　夏季运动会 2

图 6-28　夏季运动会 3

图 6-29　夏季运动会 4

图 6-30　夏季运动会 5

图 6-31　夏季运动会 6

2. 活动准备：14：00—14：30

活动准备：确定各环节人员到位，检查活动场地、器械是否安全和到位。

氛围准备：播放热场音乐，提醒各班按指定位置在操场集合，等待活动的开始。

活动时间：14：45—16：00。

①开始部分：热身运动，激发幼儿运动热情，活动身体各关节和肌肉。

主持人带领幼儿听音乐进行热身运动；主持人介绍游戏场地的布置，并交代游戏规则，特别强调因地上有水，玩游戏时不能快速奔跑；打水仗的时候，不能用水枪对着同伴的眼睛射击。

②基本部分：根据自己意愿，自主选择游戏。

游戏一：躲避大鲨鱼

游戏玩法：教师扮演大鲨鱼，当音乐响起就代表"大鲨鱼"来了！小鱼们（幼儿）马上找到壁垒（轮胎），轻轻地蹲下，不被鲨鱼发现。被大鲨鱼发现的幼儿，充当小鲨鱼，帮助大鲨鱼寻找小鱼。音乐结束，大鲨鱼回家，小鱼们自由活动。

游戏二：红蓝打水仗

游戏玩法：幼儿选择不同颜色方阵，两组幼儿分组穿上红色、蓝色的衣服，手持水枪，向同伴进行射击并躲闪。

游戏三：泡泡的童话世界

游戏玩法：操场投放大型泡泡机以及泡泡桶，幼儿自由地在操场与泡泡玩游戏，让泡泡裹满全身，与同伴进行你追我赶的"打雪人"游戏（教师做好安全教育，引导幼儿注意泡泡不能进入眼睛、嘴巴）。

游戏四：爱他，你就泼泼他

游戏玩法：幼儿将水枪注满水，手持水枪，在操场自由向喜欢的朋友、老师发射爱心水柱。

③结束部分：调整放松，并进行简短的小结。

主持人带领幼儿听音乐放松身心；小结游戏情况；请部分幼儿收拾场地和器材。

④延伸活动：交流分享。

回班给幼儿更换衣服，让幼儿喝水、吹头发等；请幼儿说说参加本次活动的感受。

（四）活动安全预案

"清凉一夏乐翻天"——夏季运动会活动安全预案

为及时、高效、妥善地处理好幼儿园大型集体活动突发事件，坚持统一领导、以人为本、预防为主、依法规范和协同应对的原则，保护全体师生的生命安全，维护校园及社会稳定，特制定本次幼儿园大型活动突发事件应急预案。

领导小组

组长：园长。

副组长：教学副园长、保教主任、后勤主任、项目负责人。

成员：各班教师、体育教师、保健医生。

领导小组主要负责活动期间的日常事务，上传下达各项指示和工作要求，巡查活动现场，及时排查安全隐患，解决突发安全问题。

职责内容

1. 园长作为活动安全责任第一人全面把关活动方案的安全性、科学性。

2. 项目组及年级组提前做好人员分工和活动流程计划，召开专题会议，确保所有保教人员明确任务，树立安全防范意识。

3. 保健医生配备药品箱及相关急救应用材料，设立固定的医疗点，如有家长或幼儿过度劳累或身体不适，保健医生要及时处理，必要时送往医院。

4. 各班提前做好幼儿的安全教育工作，增强幼儿在户外活动的安全意识。

5. 提前做好家长的安全宣传工作，发放征集通知书及活动报道。

6. 在活动现场的每一个活动区域的醒目位置摆放指引标识和游戏板，确保活动的顺利进行。

7. 活动中的安全。

（1）活动当天项目负责人提前半小时到达现场排查隐患，清理杂物。

（2）活动所需设施、设备及材料，如道具、场地布置物品等，有专人统一安排归置和管理，提前半小时，全部安排到位。

（3）家长志愿者作为游戏伙伴，着适宜服装，做好幼儿的榜样作用，遵守游戏规则。

×× 幼儿园

×× 年 × 月 × 日

（五）家长志愿者征集通知

亲爱的家长朋友们：

您好！为了让孩子感受炎炎夏日玩水带来的清凉，给孩子营造家庭、园所、社区一体化的学习氛围，本次活动每个年级组需要 40 名志愿者，现面向广大家长征集，希望大家踊跃参加。

家长志愿者职能及要求：

1. 工作任务：活动当天在规定位置组成家长方阵。

2. 请家长志愿者于 × 月 × 日来园熟悉活动流程。

3. 家长志愿者着适宜的服装，于活动当天提前 30 分钟进场。

4. 遵守现场的秩序和规则，遵从工作人员的安排，在指定场地管理，积极参与互动。活动结束后，配合班级整理场地器械。

让我们一同体验夏日戏水的乐趣，感受与幼儿共同游戏的快乐！

××幼儿园

××年×月×日

（六）活动评析

1.基于幼儿生活经验，唤醒兴趣

《幼儿园工作规程》提出："充分利用日光、空气、水等自然因素以及本地自然环境，有计划地锻炼幼儿肌体，增强身体的适应和抵抗力。"水是生命之源，充满了天然的亲近感和吸引力。我们充分挖掘"快乐的夏天"主题教育价值，考虑幼儿园所处地理位置（长沙）夏天的环境，合理利用幼儿园的户外环境，创设开放的、多样的玩水游戏活动空间，给予幼儿充分与水接触的时间，满足了幼儿玩水的欲望，让幼儿体验了不同的感官刺激，满足了幼儿的好奇心理。

2.整合家园资源，增强协作意识

我们利用家庭的有利条件，整合家长资源，激发家长与幼儿共情、共趣、共乐。活动前，引导家长为幼儿做好相应的物质准备（泳衣、泳镜、各种大小不一的水枪、水瓢），丰富幼儿的游戏体验。同时，积极发动家长的力量，调动家长的热情，招募班级家长战队，让家长走进幼儿园，参与玩水游戏。活动中，用相机记录幼儿活动的精彩瞬间，用泡泡机与教师一同为幼儿创设快乐的泡泡童话世界，拿起水枪和幼儿一同体验夏日戏水的乐趣。活动后，鼓励家长与班级教师一起进行幼儿的护理工作，更好地保障幼儿的健康。

3.调动多种感官参与，提升能力

为了丰富幼儿户外活动，让幼儿在炎炎夏日感受水的清凉，我们提供了丰富的游戏设施，创设了"抓、躲、游"等有趣的游戏情境，调动了幼儿的感官，使其积极主动参与活动。两个大型的充气游冰池，可供幼儿游泳；装满"小鱼"和"泥鳅"的小池，让幼儿体验抓"泥鳅"、捞"小鱼"的快乐；场地四周的大水桶，方便幼儿游戏，保证幼儿能随时取到水；轮胎垒叠成一个个高低不一的战壕，用油桶布置成能躲藏的战地，折叠梯设置成瞭望台。教师利用材料，巧妙设计，让打水仗的活动更具趣味性和情境性，也更好地让幼儿在游戏中发展动作技能，锻炼身体的灵活性。

第七章

幼儿园运动区域教研案例及分析

第一节　运动区域活动中如何利用材料支持大班幼儿动作发展的教研案例及分析——以动作"跳"为例

一、研讨来源

《指南》在健康领域中，按照幼儿学习与发展的最基本、最重要的内容划分，将其分为"身心状况""动作发展"以及"生活习惯与生活能力"三个子领域。其中"动作发展"主要通过开展各种各样的运动来实现。运动区域活动是我园幼儿最喜爱的一种活动，它能很好地激发幼儿的探索欲、求知欲，满足不同水平幼儿的发展需求，促进幼儿的全面发展。有效开发和利用幼儿园运动区域活动资源，对幼儿动作发展乃至身心健康的发展具有重要意义。如何以《指南》为引领，对运动区域活动中的运动材料支持幼儿的动作发展做系统、深入的研究是我们的一个困惑。

二、教研目标

①通过现场集体研讨、自我反思、专业引领等方式，引发教师对了解大班幼儿跳的动作目标及典型表现的关注。

②巩固掌握大班幼儿动作跳的要领及幼儿发展特点，了解幼儿园现有材料种类及特点，明晰如何利用材料来支持大班幼儿"跳"的动作的发展。

③在民主、开放、愉悦的教研氛围中提高教师发现问题、解决问题的能力，在观点表达、思维碰撞的互动中提高教师团队的协作意识以及语言表达能力，使教师"乐研""善言"。

三、教研准备

物质准备：观察记录表、教研活动反馈表、PPT 课件、活动音乐、大白纸、体育材料、记录纸等。

经验准备：教师研讨前学习有关幼儿动作发展经验的理论。

四、教研过程

（一）介绍来源

主持人：今天，我们的教研主题是根据教师的困惑来制订的。我们将聚焦运动区域活动中，教师如何利用运动材料来支持大班幼儿动作"跳"的发展、活动中幼儿的需求、教师在活动中给予哪些支持这几个问题，通过观摩幼儿在运动区域活动中的表现来分析和研讨。

（二）观摩现场

执教者组织活动，师幼共同商量材料的摆放，幼儿在活动中参与材料的摆放活动；参研教师观摩，并根据自己的观察填写观察记录表，观摩时间为 30 分钟。

（三）头脑风暴

明晰大班"跳"的动作类型、发展目标和动作要领。

1. 参研人员跳兔子舞入场，现场感受 5 种跳的动作

播放兔子舞音乐，教师根据音乐做 5 种跳的动作：立定跳远、纵跳触物、跨障碍跳、助跑跨跳、高跳下。结束后回到座位。

2. 主持人提问

"你做了哪些跳的动作？大班幼儿有哪些主要跳的动作？"

3. 问题抢答环节，依次梳理 5 种跳的动作

问题 1：立定跳远的动作发展目标和典型表现是什么？

主持人梳理：大班幼儿立定跳远的跳距不少于 40 厘米。预备时，腿稍屈，臂后摆，上体稍前倾，也可弹动一次。起跳时，腿蹬直，臂向前上摆，展体，使身体向前上方跳出。落地时，屈膝半蹲。

问题 2：纵跳触物的动作发展目标和典型表现是什么？

主持人梳理：大班幼儿能单脚向前跳 8 米左右，能用力蹬地连续纵跳触物（物体离幼儿举手指尖 25 厘米），落地要屈膝缓冲，突出连续起跳的特点，并要求垂直上跳，不向前跳，掌握手触物的时机，再强调在起跳前要蹬地用力，手臂要预摆，这样会增加跳的高度。

问题 3：跨障碍跳的动作发展目标和典型表现是什么？

主持人梳理：能连续向前跳跃多个高 40 厘米，宽 15 厘米的障碍，跳时更加侧重向上跳。

问题 4：助跑跨跳的动作发展目标和典型表现是什么？

主持人梳理：能助跑跨跳平行线，跳距不少于 50 厘米，在向前跑的过程中单脚起跳，用力蹬地，方向要正，在空中瞬间滞留前弓步，摆腿落地后，不要骤停，应继续向前跑几步。

问题 5：高跳下的动作发展目标和典型表现是什么？

主持人梳理：大班幼儿双脚站立从 35 厘米高处往下跳，屈膝预摆，身体稍前倾，落地缓冲，注意身体平衡。

4. 依次梳理 5 种跳的动作，并现场尝试

主持人小结：集中梳理，在此过程中注重教师的体验、理论与实践的结合，让教师在"静"中学习动作要领，在"动"中理解动作要领。通过多种方式教研，让教研落在实处。

（四）教学反思

由当天大班区域活动的组织教师进行现场教学活动反思。

主持人小结：执教者的说课反思，让参与教研的教师在观察了幼儿和活动效果之后更能明白执教者背后蕴含的深意，知其然并知其所以然，为后续研讨和改进策略的提出奠定基础。

（五）思维碰撞

小组研讨：区域中投放的材料是否支持大班幼儿动作"跳"的发展？困惑有哪些？如何调整？

主持人小结：分组定任务，明确组内的观察重点，大家一起研讨，发现问题的同时还要解决问题，集思广益，以幼儿为本，在观察幼儿的基础上对运动材料如何支持幼儿的动作发展进行深入思考。

（六）实操体验

主持人：分组进行调整后的材料摆放，其他组成员根据上一组成员调整后的材料进行现场体验并给出体验感想。反思分组研讨梳理的策略是否适宜。

主持人小结梳理：区域中投放材料的策略见表 7-1，教师指导的策略见表 7-2。

表 7-1　区域中投放材料的策略

投放策略	具体要求
目的性	是否支持幼儿动作"跳"的发展。
情境性	创设适宜的主题情境；幼儿参与游戏的兴趣高、持续性强；能多次、反复与材料互动。
可变性	调整材料，挖掘材料的多用性，激发幼儿探索的欲望。
挑战性	投放难度不同的材料，在满足幼儿多种需求的同时，激发幼儿不断挑战自我、体验自我。
层级性	为幼儿提供自主选择的机会；尊重幼儿的个体差异，满足幼儿不同水平的发展需求。
安全性	最基本的原则是满足幼儿安全的需要。
锻炼性	促进幼儿动作发展、身体发育、增强体质。
规则性	标志的设置，使幼儿对游戏规则、玩法一目了然，培养幼儿良好的规则意识和行为习惯。
适宜性	适合幼儿的年龄特点，在满足幼儿基本需求的基础上，促进幼儿的身心发展。

表 7-2　教师指导的策略

策略	实施时机	作用
平行式介入法	幼儿在遇到困难、挫折将要放弃时。	教师与幼儿一同玩耍，目的是引导幼儿模仿，教师起着暗示指导作用。
垂直式介入法	幼儿在活动中发生争执可能出现危险时。	教师直接介入游戏，直接干预幼儿的行为，教师的指导为显性的。
交叉式介入法	幼儿碰到困难，难以解决或想求助教师时。	当幼儿有教师参与的需要或教师认为有指导的必要时，教师作为游戏中的一员参与幼儿的游戏。教师通过与幼儿的互动，起到指导幼儿游戏的作用。

主持人小结：在教研中，我们在观察的基础上，多次思考、多次实践，立足幼儿，使教研效果显著，同时也为教师提供一种模式，让教师在日常教学中不断优化自己的方案，更好地促进幼儿的发展。

（七）专业引领

教研活动离不开教师日常的观察、探索和实践，离不开自我反思、同伴互助和专家引领。这次教研活动研得有特色，做到了教科研合一；研得有准备，做到了研前有学习；研以观察为基础，做到眼里有幼儿；研以问题为聚焦，做到心中有目标。观察在先，以数据做支撑，行动在后，亲身体验效果，真正做到了以幼儿为本，为了让幼儿在活动中得到更好的发展而研。应关注材料的变通性和挑战性，为幼儿提供更合适的教育和指导。

（八）研讨小结

主持人：通过今天的专业引领、同伴互助和自我反思，我们知道教师要掌握材料投入的策略，同时也要在幼儿与材料互动时，适时介入，从而更好、更有效地支持幼儿动作的发展。行是知之始，知是行之成。希望我们在教研的路上、在行动中碰撞出新的思想，在新思想中生成新的认知从而创造新的价值。

第二节　幼儿园运动区域材料开发与利用的教研案例及分析
——以生活材料"鞋盒"为例

一、研讨来源

在幼儿园运动区域活动的组织与实施中，材料资源是激发幼儿参与运动的基本条件。当幼儿对材料充满兴趣，并以自己喜欢的方式探索和积累运动经验时，才能在与材料的互动中，充分练习各种动作，提升自身的运动水平，体验到运动的快乐。材料的开发与利用旨在发挥材料对幼儿发展的价值功能，如何物尽其用，通过探索材料的多种玩法，利用材料来锻炼身体，教师还存在困惑。只有教师对材料的型号逻辑、摆放逻辑、结构逻辑等特性做到心中有数，才能观察和指导幼儿与材料的互动，指导幼儿发展基本动作，提高幼儿合作能力，开发其思维，做到脑体并用。

本次教研以生活中常见的鞋盒为例，从幼儿视角出发，探讨区域活动中材料开发与利用的原则及方法。

二、教研目标

①以儿童为本，通过操作、探究生活材料——鞋盒的不同玩法，梳理运动区域活动中材料开发与利用的基本原则与方法。

②在民主开放的教研氛围中，大胆表达自己的观点，展现自己和同伴的操作结果，感受集体智慧。

三、教研准备

（一）物质准备

主材：不同大小的鞋盒。

辅材：高跷、报纸、胶带、笔、大白纸、泡沫板等。

（二）经验准备

学习《运动区域这样玩》材料这一章节内容。

四、教研过程

（一）谈问题，找思路

①主持人抛出问题：运动区域活动中材料的开发与利用存在哪些问题？

②教师畅所欲言，说出材料开发与利用中存在的问题。

③主持人小结存在的问题。

主持人小结：通过教师的发言，我们了解了在进行材料开发与利用时，受幼儿年龄、发展水平以及材料的性能、安全性等影响，也受场地、地面材质等因素的影响，这些都影响材料的开发与利用。

（二）看视频，研幼儿

1.播放小中大班幼儿利用鞋盒进行锻炼的短视频

讨论：①不同年龄段的幼儿利用鞋盒进行了哪些基本动作的练习？他们分别采用了什么方式来开发和利用鞋盒进行锻炼？

②教师可进行哪些方面的指导？

2.主持人梳理、小结

主持人小结：在开发与利用鞋盒时，各年龄班的表现是有区别的，小班幼儿更多的是一个人玩，他们把鞋盒顶在头上，向前抛，个别幼儿跳过鞋盒，玩的方式单一。大、中班幼儿多能和同伴一起玩，他们表现得兴趣更高，玩法也更多，有连续跳过几个鞋盒的，有将鞋盒垒高跳过去的，有拿掉鞋盒盖子踩着鞋盒往四周滑行的。最独特的是有几个幼儿把鞋盒垒高，再利用辅助材料报纸和胶带搭成山洞钻过去，玩的方式多元。这些都体现了中、大班幼儿思维开阔、合作意识强、探究愿望强、动作发展强的特点。

教师主要是观察者、支持者，但在幼儿出现这几种情况时可以介入指导：幼儿出现安全隐患、幼儿无所事事、和同伴争执打闹、玩法太单一、长时间段没有利用材料进行锻炼而做其他事情等情况下。

（三）亲体验，拓思维

主持人抛出问题：我们回顾了各个年龄段幼儿在开发利用鞋盒时不同的表现水平和表现状态，接下来请大家亲自操作，体验鞋盒可以怎样进行锻炼？在材料开发与利用中应遵守什么原则？如何开发与利用材料？

①教师分组操作，利用主材和辅材操作鞋盒作为运动器材如何玩。

②分组展示并解说本组操作的结果。

③主持人梳理、小结材料开发与利用应遵循的原则。

主持人小结：材料的开发与利用应遵循的原则有安全性、适宜性、可操作性。

（四）习经验，再探究

①各组教师利用习得的方法和经验，再次探索如何开发与利用鞋盒来进行运动。

②以幼儿为本，各小组优化材料的摆放，注意材料之间的宽度、高度。

（五）专业引领

材料是幼儿无形的老师，材料的开发和利用能够有效支持幼儿的运动。材料的开发和利用方法可从以下范式予以思考，如表 7-3 所示。

表 7-3　材料的开发与利用方法

"1+3+N" 模式	"1"指向的是同一材料的基本玩法，从走、跑、跳、钻爬、平衡等 8 大基本动作出发，尽可能指向多个动作发展；"3"指向的是同一器材在三个年龄班的使用和玩法；"N"是指材料的创新玩法，玩法呈现多样性。	在玩鞋盒时，可根据其不同宽度、高度和摆放变化，进行跳高、跳远等不同的探索活动，还可挑战在鞋盒里塞报纸使鞋盒稳固，进行平衡站立，推着前行等玩法，增强幼儿的合作意识和身体控制。
"3+N+N" 模式	"3"指向的是三个年龄班组合器材的玩法，第一个"N"指向材料的多种组合方式，第二个"N"指向同一个组合在玩法上的变化。	移动性器材与固定性器材的组合、小型器械与自然物的组合、小型器械与废旧材料的组合，三个年龄班可变换不同玩法。
"N+1" 模式	指向两个层面，第一个层面是指同一个区域，多种材料进行同一种动作的练习；第二个层面是指同一个动作练习时，有 N 个层级，符合不同能力和年龄的幼儿玩耍，满足个体发展的阶梯性。	在玩"赶小猪"的游戏时，用奶粉罐、牛奶罐、酸奶瓶制成三种大小不同的"高尔夫"球杆，可使用海洋球、报纸球、皮球等大小、质地、重量不同的球，"房门"有大、中、小三个尺寸，路线有远近不同和坡度不同，幼儿可自由选择搭配，延伸出 27 个以上不同层级的难度。

（六）善总结，共反思

主持人：今天的教研活动，让教师进一步明确"儿童的视角"的内在含义。以往，教师常常站在成人角度去思考材料的使用，忽略站在幼儿的角度去开发与利用材料。通过教研，我们知道要根据幼儿的年龄特点和动作发展水平对材料进行开发与利用，这样在进行一物多玩的开发时，不仅要关注材料的型号逻辑、摆放逻辑、结构逻辑，更要做到观察儿童、信任儿童、尊重儿童。在活动中，多提供低结构的材料，支持幼儿自主开发不同的玩法，满足自身运动方式和能力发展的需求。今天的研讨为教师在材料的"一物多玩"以及怎样运用材料开展运动、发展动作上开拓了思路。

第三节　幼儿园室内运动区域活动环境创设的教研案例及分析——科学创设室内运动环境，因地制宜投放运动材料

一、研讨来源

长沙梅雨季节、极寒极热的天气较多，幼儿户外活动因此受到影响。基于此，我们需要探究和实施室内运动区域活动的开展。教师在组织室内运动区域活动时，经常遇到现有空间不足、如何开发与利用、投放什么材料更有利于幼儿锻炼等问题。如何开发与利用现有室内空间，科学合理投放材料是我们教研需要解决的问题。本次教研旨在优化室内运动区域环境创设，引导教师关注室内空间的特点，根据幼儿年龄特点，科学投放运动材料。

二、教研目标

①关注室内空间的特点，结合运动核心经验，合理规划和利用室内空间，满足幼儿的运动需要。

②解决现有室内运动区域活动存在的问题，科学设置区域，梳理适合室内运动区域活动的材料及其特点。

三、教研准备

物质准备：电脑、多媒体设备、便条纸、教研活动记录单。

经验准备：了解全园室内空间环境；大班组室内运动区域活动组织。

四、教研过程

（一）直面主题

1. 主持人说明本次教研活动的主题来源

主持人：本次教研活动聚焦大班室内运动区域活动方案，围绕"因地制宜"这个关键词，解析室内运动环境的创设。探讨如何通过科学布局地面、立面、顶面三维空间，有效投放运动材料，因地制宜地开展室内运动区域活动。

2. 梳理室内空间的内涵

本园适宜幼儿运动的室内空间有哪些？

主持人小结：适宜幼儿运动的室内空间有：教室、寝室、餐室、阳台、走廊、风雨操场、楼梯间、大礼堂、入户大厅等。

（二）直击问题

问题1：你在开发室内空间和投放材料时，遇到了哪些问题？

问题2：带着问题观摩活动，你认为在空间利用和材料开发上做得好的有哪些？需要调整和优化的有哪些？

（三）现场观摩

主持人：结合《运动区域活动观察记录表》，带着以下两个问题观摩大班室内运动区域活动。

第一，室内空间的利用是否科学？可怎样优化？

第二，材料的投放是否因地制宜？可怎样优化？

（四）分组研讨

1. 探讨空间开发与利用的科学性

主持人：本次大班室内运动区域活动三维空间的开发与利用是否科学？哪些利用得好？哪些需要优化？分成三组进行研讨。

①教师分组表达自己的观察结果。

②主持人梳理、小结。

主持人小结：室内环境的开发要考虑三个维度，即地面、里面和顶面。第一，地面发散，巧思布局。首先，巧用地势。依地势不同而创设不同的运动情境。例如，楼梯本身具有攀爬的功能，可将攀爬区设置在楼梯区域。可营造情境，用橡皮筋设置"电网"，锻炼幼儿的攀爬能力和身体的控制能力。其次，巧用地面。依据年龄不同而设计不同的地面游戏，满足幼儿个别化的需求。最后，巧设图标。依据幼儿流动路线设计安全管理标识，保障空间使用的有序性。第二，立体开发，巧用支点。一是以实体墙面为支点时，利用墙面阻挡功能考虑投掷类运动的设置。二是以镂空立面为支点时，利用空隙部分考虑便捷材料的使用。三是以立面之间的空间为支点时，利用间距考虑物体的连接使用。第三，空中延伸，互相呼应。一是顶面与立面、地面形成主题呼应。二是顶面开发与幼儿的兴趣点相呼应。

2.探讨材料投放是否因地制宜

主持人：本次活动材料的投放是否和空间的开发相匹配，做到了因地制宜？是否有利于幼儿的动作发展？哪些做得好？哪些需要优化？

①教师分组表达自己的观察结果。

②主持人梳理、小结。

主持人小结：在室内投放运动材料时，要因地制宜。第一，要有效利用室内的桌椅和玩具柜等设施。第二，要投放轻便的、可移动的低结构材料。第三，要考虑材料之间的组合，既有不同材料的组合，又有同一材料的组合。

（五）专业引领

基于分组研讨，教师具有"儿童为本"的思维和问题意识，可根据不同情形实施以下策略，如表7-4所示。

表7-4　基于儿童为本的室内运动区域环境创设与材料投放策略

幼儿行为	策略	价值体现
人员密度高	科学规划空间 1.科学利用室内地面、立面、顶面等三维空间以及桌椅、玩具柜。 2.根据教师、幼儿人数创设适宜的区域，并临时挪移部分区域柜子、寝室床铺，扩大空间。	充分、合理利用空间，灵活使用玩具柜，拓展空间，提高幼儿运动兴趣和运动能力。
幼儿动作发展单一	合理投放材料 1.提供低结构的轻便材料，材料丰富。 2.考虑幼儿运动量的大小，提供的材料能激发幼儿进行锻炼，有分别利于大肌肉、小肌肉动作发展的材料。	幼儿选择符合室内运动的轻便材料，兼顾动作发展和运动方式，满足幼儿运动量。
幼儿兴趣持续性不够	材料激趣，拿取便利 1.提供便于移动的且具有收纳功能的游戏盒，幼儿运动时方便拿取材料。 2.材料投放前，进行分析。注意材料的层次性、情境性、功能性、可组合性，激发幼儿主动运动的兴趣。	游戏盒子的运用使幼儿更自主地拿取材料，激发幼儿持续运动的兴趣。

（六）归纳总结

本次教研活动，既研了环境，又研了材料，室内运动区域的材料主要遵循就近取材原则，并发展幼儿的创造性，让室内运动区域发挥应有的效应。

第四节　幼儿园户外运动区域活动环境创设的教研案例及分析
——基于观察，调整大班户外运动区域活动环境和材料

一、研讨来源

幼儿园运动区域环境由心理环境和物质环境两方面组成，其中物质环境主要指环境资源，包括基础场地、场地布局、活动材料、配套设施、附属设施、环境绿化等；心理环境主要包括户外活动理念、活动氛围、活动开展方案、教师指导、师幼互动、活动质量评价体系等。

前期，我们已经对"幼儿园区域材料支持动作发展、幼儿园运动材料如何进行一物多玩"进行了教研。通过教研，我们发现教师有在运动区域活动中创设环境、提供材料的意识，但是对于环境创设和材料提供后，如何判断投放的材料是否适宜有效，如何优化和调整环境，如何引发幼儿不同的运动方式、丰富幼儿的运动经验存在困惑。为此，本次教研基于"大班户外运动区域活动"的活动现场，共同研讨如何满足幼儿的兴趣，从而进行环境的创设和材料的提供。

二、教研目标

①了解环境创设的基本原则，明确户外运动区域环境创设的意义和价值。

②引导教师关注大班户外运动区域活动的空间特点，合理利用户外空间，布局户外活动场地。

③梳理户外运动区域环境的创设，积累相关要点，实现经验的共享和推广，促进教师创设运动区域活动环境的有效性。

三、教研准备

（一）物质准备

电脑、多媒体设备、大班户外活动教研方案、马克笔、教研记录表。

（二）经验准备

①教师了解了大班户外运动区域活动方案，对活动的开展、材料的投放、幼儿的运动情况做了初步的观察和记录；

②自主学习幼儿运动的相关核心经验；

③了解户外区域活动环境创设的特点。

四、教研过程

（一）导入教研

主持人：之前，大家对如何基于幼儿运动的目标、基本经验来投放运动材料并对幼儿的表现进行了观察与思考。今天，我们聚焦"大班户外运动区域活动"现场，探讨"优化区域活动环境和材料"。

（二）现场观摩大班户外运动区域活动"快乐城堡"

主持人：接下来，让我们一起走进大班运动区域活动"快乐城堡"的现场，分成四组观摩。

（三）集中研讨

主持人：观摩现场，您能观察到环境的创设和材料的提供是否支持了幼儿的活动？您认为还可做哪些调整？

主持人小结："大班运动区域活动环境的创设和运动材料的投放与反思"有以下策略方法。

第一，从材料角度设置区域。

将同一类材料划归到一个区域内，根据器械特点命名的低结构区、高结构区、民间游戏区，还有根据自然资源命名的玩水区、玩沙区等。在创设这类区域时，教师尽可能地提供种类多样、数量充足的材料。例如，在车类区内有脚踏的、手推的、拖拉的各种各样的车，丰富多样的材料，能激起幼儿尝试的欲望和探索的激情。

第二，兼顾多种动作指向和运动方式。

在运动区域活动中，教师要考虑幼儿动作发展的均衡性，既有上肢的活动，又有下肢的锻炼；既有四肢的活动，又有躯干的锻炼；既有技巧性的活动，又有力量型的锻炼。

投放没有明确指向性的、能引发幼儿锻炼体能的材料。例如，低结构区的保温板、麻袋等能引发幼儿自主探索、自主习得运动经验。

第三，从情境性主题的角度营造区域环境。

教师关注幼儿生活中的热点话题，以游戏的形式创设富有情节和角色的运动区域活动。幼儿通过扮演角色，完成角色任务，以达到练习动作的目的。例如，"CS雷战区"，通过赋予整个区域军营的情境，设置幼儿经常在影视作品中见到的战壕、碉堡等具体区域，激发幼儿学习解放军勇敢、坚强和团结一致的品质，让幼儿愿意像解放军一样勇敢参与活动。

（四）分组研讨

主持人：通过观察幼儿与材料的不同互动方式，分成"材料投放组""运动环境调整组"两组来研讨。分组研讨基于幼儿的运动经验，优化、调整现有材料和环境。

教师以世界咖啡的研讨方式进行研讨。

（五）专业引领

基于老师的发言，根据现有环境和材料，可采取以下优化措施。

方法一：运动材料的选择符合户外空间特点。

户外地面材质特点——骑行区、球类区、攀爬区。

户外空间广阔——巧用三维空间、自然物拓展区域。

方法二：赋予材料二次开发的功能。

逐步投放、动态调整材料的呈现方式和摆放方式——低结构区。

以多元的价值取向选择与整合材料——固定器械与移动器械的组合。

方法三：增强情境性，以幼儿为主体。

幼儿自主创设环境——雷战区、丛林探险。

组合多种材料创设情境——滑板和斜面桥相结合、骑行区与床板坡结合。

增加暗示性小器械和辅助标识——小铃铛、气球、悬吊投篮筐等。

（六）教研小结

本次教研活动基于需求导向，带着问题来观察幼儿的活动。大班幼儿的动作发展已经达到一定水平，他们喜欢具有挑战的活动。教师需要因地制宜，根据本园户外环境特点创设赋予情境性的运动区域活动。同时，教师在提供材料时，需选择具有挑战性、支持合作的、能多样组合的材料。